LERM · LAMBIASE

Einsatzrecht kompakt – Wissenstrainer für die weitere Ausbildung

Einsatzrecht kompakt – Wissenstrainer für die weitere Ausbildung

Laufbahnprüfung erfolgreich bestehen

Patrick Lerm
Polizeihauptkommissar

Dozent am Bundespolizeiaus- und -fortbildungszentrum
Bamberg

Dominik Lambiase, M. A.
Polizeioberkommissar

BOORBERG

Bibliografische Information der Deutschen Nationalbibliothek |
Die Deutsche Nationalbibliothek verzeichnet diese Publikation in der Deutschen Nationalbibliografie; detaillierte bibliografische Daten sind im Internet über www.dnb.de abrufbar.

ISBN 978-3-415-07041-7

Titelfoto: © Olaf Gedanitz – stock.adobe.com | Satz: abavo GmbH, Nebelhornstraße 8, 86807 Buchloe | Druck und Bindung: Medienhaus Plump GmbH, Rolandsecker Weg 33, 53619 Rheinbreitbach

Richard Boorberg Verlag GmbH & Co KG | Scharrstraße 2 | 70563 Stuttgart
Stuttgart | München | Hannover | Berlin | Weimar | Dresden
www.boorberg.de

Inhaltsverzeichnis

Einführung

Dieser Wissenstrainer hat das primäre Ziel, die Polizeimeisteranwärterinnen und Polizeimeisteranwärter des mittleren Polizeivollzugsdienstes in der Bundespolizei (nachfolgend: BPOL) in die Lage zu versetzen, die Laufbahnprüfung im Fach Einsatzrecht am Ende des Laufbahnlehrgangs mit Erfolg zu bestehen.

Die Fragestellungen orientieren sich dabei an den Aufgabenfeldern der Bundespolizei:

Gliederung der Fragestellungen

Zu jedem Teilgebiet wurde eine Vielzahl von Wissens- und Erläuterungsfragen und die dazugehörigen Lösungskerne formuliert. Fragen der Intensitätsstufe 3 (anwenden und umsetzen Subsumtion) wurden bewusst nicht aufgenommen, da diese bereits Inhalt des ebenfalls im RICHARD BOORBERG VERLAG erschienenen Buches *Einsatzrecht kompakt – Sachverhaltsbeurteilung für die weitere Ausbildung* sind.

Auf die Abfrage des Definitionswissens wurde ebenfalls zum großen Teil verzichtet, da dies bereits Inhalt der im RICHARD BOORBERG VERLAG erschienenen Bücher *Einsatzrecht kompakt – Definitionswissen für die Grundausbildung* und *Einsatzrecht kompakt – Definitionswissen für die weitere Ausbildung* sind. Insofern soll dieses Buch die Lücke zwischen reinem Definitionswissen und der Sachverhaltsbeurteilung schließen.

Einsatzrecht kompakt – Definitionswissen für die weitere Ausbildung	**Einsatzrecht kompakt – Wissenstrainer**	**Einsatzrecht kompakt – Sachverhaltsbeurteilung für die weitere Ausbildung**
• Definitionen der wichtigsten Befugnisse und Straftaten des 2. Ausbildungsjahres	• Wissens- und Erläuterungsfragen zu den wichtigsten Teilrechtsgebieten des 2. Ausbildungsjahres • Wissens- und Erläuterungsfragen zu den wichtigsten Teilrechtsgebieten des 3. Ausbildungsjahres	• Tipps zur Sachverhaltsbeurteilung[1] inkl. Formulierungsvorschläge der wichtigsten Befugnisse und Straftaten des 2. Ausbildungsjahres

Der *Wissenstrainer* eignet sich sowohl zur laufenden Wiederholung/Vertiefung des unterrichteten Stoffes als auch zur unmittelbaren Vorbereitung auf die mündliche Laufbahnprüfung. Dieser erhebt nicht den Anspruch auf Vollständigkeit. Es wird ein erster Versuch unternommen, einen Auszug der wichtigsten grundlegenden Fragestellungen zu behandeln.

Das gesamte Format wurde **bewusst *kompakt*** gehalten, damit die Sammlung auch in jede Hosen- oder Jackentasche hineinpasst – ideal zur Vorbereitung auf die Laufbahnprüfung am Ende der Ausbildung!

Ein kurzer Hinweis zum Arbeiten mit dem Wissenstrainer:
Sie sollten parallel zur Lektüre stets den Gesetzestext zur Hand haben, um die Frage sowie den Lösungskern nachvollziehen zu können.

Des Weiteren finden Sie bei einigen Fragen einen QR-Code. Dieser verweist auf ein zur Frage passendes Lernvideo, welches auf dem YouTube-Kanal ***So geht Einsatzrecht!*** veröffentlich ist. Dieser Kanal wird von PHK Lerm betrieben. Die dort befindlichen

1 Sachverhalte zum Zwangsrecht befinden sich in Lerm/Lambiase, Einsatzrecht kompakt – Das Recht des unmittelbaren Zwanges in Fällen, erschienen im RICHARD BOORBERG VERLAG.

Lernvideos dienen der Unterstützung des Lernprozesses und sollen die Lücke zwischen analogem und digitalem Lernen schließen. Die Videos haben ausdrücklich nicht das Ziel, den Unterricht zu ersetzen, sondern unterstützen und ergänzen diesen.

Als *kleinen* Vorgeschmack auf die Lernvideos finden Sie nachfolgend zwei QR-Codes, die sich mit den beiden – für die Laufbahnausbildung wichtigen – Schemata befassen.

SCAN ME

Lernvideo zum Schema
zur Prüfung von präventiven
und repressiven Eingriffsmaßnahmen

Für den Inhalt der durch QR-Codes verlinkten Seiten/Videos ist ausschließlich der Autor verantwortlich.

SCAN ME

Lernvideo zum Schema zur
Prüfung von Straftaten

Für den Inhalt der durch QR-Codes verlinkten Seiten/Videos ist ausschließlich der Autor verantwortlich.

Fragen aus den Themenfeldern der Grundausbildung können auch in der Laufbahnprüfung gestellt werden, daher empfehlen wir als Ergänzung das ebenfalls im RICHARD BOORBERG VERLAG erschienene Buch *Einsatzrecht kompakt – Wissenstrainer für die Grundausbildung*, um eine **optimale Prüfungsvorbereitung** zu erhalten. Die für die Verfasser wesentlichen Fragen aus der Grundausbildung wurden hier nochmals aufgenommen, um das jeweilige Wissensfeld abzurunden.

Bamberg, Januar 2021

Patrick Lerm
Dominik Lambiase

1. Bahnpolizeiliche Aufgabenwahrnehmung

In diesem Kapitel widmen sich die Fragen dem Schwerpunkt der bahnpolizeilichen Aufgabenwahrnehmung der Bundespolizei. Zusätzlich werden hier schwerpunktmäßig eine Vielzahl von Fragen zu den Straftaten des Strafgesetzbuches und den Befugnissen der Strafprozessordnung dargestellt.

1.1 Allgemeine Fragen

Stellen Sie den Unterschied zwischen betriebsbedingten und betriebsbezogenen Gefahren i. S. v. § 3 I BPolG dar.

Betriebsbedingte Gefahren sind Gefahren, die vom Bahnbetrieb ausgehen. Betriebsbezogene Gefahren hingegen sind Gefahren, welche von außen auf den Bahnbetrieb einwirken.

Betriebsbedingte Gefahren	Betriebsbezogene Gefahren
• Kabelbrand • Abgerissene Oberleitung ohne Fremdeinwirkung durch außen • Funkenflug	• Diebstahl bei Reisenden • Körperverletzungsdelikte zum Nachteil von Reisenden • Einwirkungen von außen auf den Zugverkehr

Beispiele: betriebsbedingte und betriebsbezogene Gefahren

Wie kann man den Begriff der Ersatzfreiheitsstrafe erklären?

Eine Ersatzfreiheitsstrafe ist eine rechtskräftige Verurteilung zu einer Geldstrafe, welche durch den Angeklagten nicht freiwillig gezahlt wurde. Anschließend erfolgt eine Beitreibung gem. Justizbeitreibungsordnung (durch Gerichtsvollzieher oder Kontopfändung). Sollte diese Beitreibung nicht erfolgreich sein, erfolgt die Anordnung der Ersatzfreiheitsstrafe durch die Staatsanwaltschaft in Form eines Vollstreckungshaftbefehls.

Dies bedeutet eine Umrechnung der Geldstrafe in Tagessätze und Umwandlung in eine Ersatzfreiheitsstrafe.

Wird bei der Kontrolle die Fahndungsnotierung festgestellt und die Geldstrafe freiwillig gezahlt, wird der Haftbefehl nicht vollzogen, da er durch die Zahlung abgewandt wird.

Unterschied Vollziehung und Vollstreckung	
Vollziehung	**Vollstreckung**
Die Verhaftung erfolgt friedlich, ohne Widerstand, Maßnahme wird vollzogen.	Die Durchsetzung des Haftbefehls erfolgt mit Zwang.

Unterschied Vollziehung und Vollstreckung

Wie kann man den Gang des Strafverfahrens darstellen?

Erkenntnisverfahren		
Vorverfahren/ Ermittlungsverfahren	**Zwischenverfahren**	**Hauptverfahren**
• Sammlung von belastenden und entlastenden Beweisen im Strafverfahren (Beschuldigter/ Angeschuldigter).	• Prüfung durch Gericht, ob Anklage zur Hauptverhandlung zugelassen wird (Angeklagter).	• Verhandlung vor Gericht bis Urteilsverkündung (Angeklagter wird ggf. zum Verurteilten).

Strafvollstreckungsverfahren
Das Vollstreckungsverfahren beginnt nach Rechtskraft des Urteils.

Gang des Strafverfahrens

Was versteht man unter dem Begriff der Verhältnismäßigkeit?

Der Grundsatz der Verhältnismäßigkeit gilt für das gesamte Handeln der Polizei (also auch für repressive Maßnahmen). Nach der Rechtsprechung des BVerfG leitet sich der Verhältnismäßigkeitsgrundsatz aus dem Rechtsstaatsprinzip ab, Art. 20 III GG. Überdies auch aus dem Wesen der Grundrechte selbst. Diese dürfen nur soweit beschränkt werden, als es zum Schutz öffentlicher Interessen unbedingt erforderlich ist.

Merke:

- Bei präventiven Maßnahmen ergibt sich der Verhältnismäßigkeitsgrundsatz aus § 15 BPolG,
- bei repressiven Maßnahmen aus Art. 20 III GG,
- für Zwangsmaßnahmen nach dem UZwG ergibt sich dieser aus § 4 UZwG.

Der Begriff der Verhältnismäßigkeit besteht aus den Bestandteilen:

Geeignetheit
Geeignet ist die Maßnahme dann, wenn diese objektiv-zwecktauglich ist, das polizeiliche Ziel zu erreichen.

Erforderlichkeit
Erforderlich ist die Maßnahme, wenn von mehreren geeigneten Maßnahmen diejenige getroffen wird, die den Einzelnen oder die Allgemeinheit am wenigsten beeinträchtigt.

Angemessenheit
Angemessen ist die Maßnahme, wenn die Folge einer polizeilichen Maßnahme in einem angemessenen Verhältnis zum angestrebten Zweck steht.

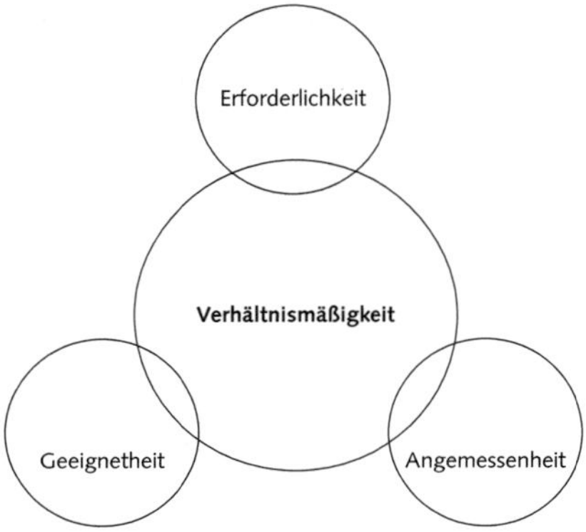

Bestandteile der Verhältnismäßigkeit

Wie lassen sich die unterschiedlichen Ermessensarten erläutern?

Entschließungsermessen („Ob“):
Entschließungsermessen bedeutet, dass die Behörde die Möglichkeit hat zu entscheiden, ob diese überhaupt handeln möchte.

Ermessensreduzierung auf Null:
Liegt eine Ermessensreduzierung auf Null vor, hat die Behörde kein Entschließungsermessen mehr und ist gezwungen zu handeln. Dies liegt bei der Polizei im Regelfall bei einer konkreten Gefahr vor.

Auswahlermessen („Wie“):
Auswahlermessen bedeutet, dass die Behörde die Möglichkeit hat zu entscheiden, wie diese einen Sachverhalt lösen will, sprich, welche Maßnahme sie einsetzt.

Erläutern Sie kurz, warum ein Widerspruch bei polizeilichen Maßnahmen keine aufschiebende Wirkung hat!
Gemäß § 80 II Nr. 2 VwGO entfällt die aufschiebende Wirkung eines Widerspruchs bei unaufschiebbaren Anordnungen von Polizeivollzugsbeamten.
Eine Anordnung eines Polizeivollzugsbeamten ist dann unaufschiebbar, wenn ein sofortiges Eingreifen erforderlich ist.

Welche drei Hauptaufgaben hat die Polizei?

1. Gefahrenabwehr
2. Strafverfolgung
3. Verfolgung und Ahndung von Ordnungswidrigkeiten

SCAN ME

Lernvideo zur **Bedeutung der Entscheidung**
(1.1 im Prüfungsschema)

Für den Inhalt der durch QR-Codes verlinkten Seiten/Videos ist ausschließlich der Autor verantwortlich.

Was versteht man unter der Nebenaufgabe „Schutz privater Rechte" und unter welchen Voraussetzungen wird die BPOL hier tätig?

Der Schutz privater Rechte obliegt der BPOL im Rahmen ihrer Aufgaben nur dann, wenn gerichtlicher Schutz nicht rechtzeitig zu erlangen ist und ohne Hilfe der BPOL die Verwirklichung des Rechts vereitelt oder wesentlich erschwert würde.

Beispiel aus dem bahnpolizeilichen Aufgabenbereich:

Ein Bahnreisender beschädigt aus Versehen (durch Unachtsamkeit) den Koffer eines anderen Reisenden. Der Schädiger möchte dem Geschädigten keine Personalien geben. Eine Streife der BPOL wird hinzugezogen.
Mangels einer strafbaren vorsätzlich begangenen Sachbeschädigung gem. § 303 I StGB scheidet eine Strafbarkeit aus, da die fahrlässige Sachbeschädigung nicht strafbar ist.
Es bleibt demnach „nur" ein privater Schadensersatzanspruch des Geschädigten aus § 823 BGB „übrig".

§ 823 BGB (Schadensersatzpflicht)

(1) Wer vorsätzlich oder fahrlässig das Leben, den Körper, die Gesundheit, die Freiheit, das Eigentum oder ein sonstiges Recht eines anderen widerrechtlich verletzt, ist dem anderen zum Ersatz des daraus entstehenden Schadens verpflichtet.

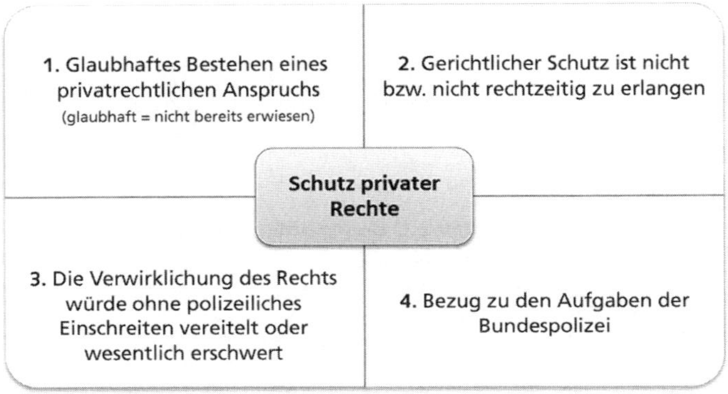

Schutz privater Rechte

Die Durchsetzung dieses Anspruchs erfolgt grundsätzlich durch die ordentlichen Gerichte (zivile Gerichtsbarkeit). Die BPOL wird hier nur ausnahmsweise tätig, da eine gerichtliche Entscheidung in der Kürze der Zeit nicht möglich ist. Die hier handelnden Bundespolizisten treffen nur unaufschiebbare Erstmaßnahmen wie z. B. eine IDF gem. § 23 I Nr. 5 BPolG (zum Schutz privater Rechte).

Wie kann man den Begriff der Bahnanlage erläutern?
Bahnanlagen sind alle Flächen, auf denen ortsfeste Einrichtungen stehen, die unmittelbar für den Reise- und Güterverkehr erforderlich sind (§ 4 EBO).

Beispiele:

- Gleisanlagen
- Bahnhofshallen

Wer ist Benutzer der Bahn?
Benutzer der Bahn ist, wer sich auf dem Gebiet der Bahnanlagen aufhält. Die BPOL betreibt keine Motivforschung zum Aufenthaltszweck der Person (z. B. Reisender, Personen, die im Bahnhof einkaufen wollen).

Was versteht man unter dem Betrieb der Bahn?
Der Betrieb umfasst alle unmittelbar auf den Reise- und Güterverkehr gerichteten Vorgänge.

Ist die BPOL bei privaten Eisenbahnunternehmen, die auf den Schienen der Eisenbahnen des Bundes fahren, für die Gefahrenabwehr zuständig?
Ja, weil die BPOL beim Schienennetz der DB Netz AG für die Gefahrenabwehr zuständig ist, auf die Eigentumsverhältnisse beim Schienenfahrzeug kommt es nicht an.

Warum sind die Aufgaben der Bahnpolizei gemäß § 3 I BPolG räumlich auf das Gebiet der Bahnanlagen beschränkt?
Die Gefahrenabwehr der BPOL beschränkt sich auf das Gebiet der Bahnanlage. Gefahren außerhalb der Bahnanlagen liegen grundsätzlich im Aufgabenbereich der Landespolizei. Die BPOL kann ausnahmsweise aber auch Gefahren abwehren, die ihren Ursprung außerhalb der räumlichen Beschränkung haben, sich aber auf die Aufgabe auswirken.

Beispiele:

- Eine Person wirft Steine von einer Brücke auf fahrende Züge.
- Eine Person blendet den Triebfahrzeugführer mittels Laserpointer. Die Person befindet sich in einer unmittelbar zum Gleisbereich angrenzenden Gartenanlage.

Die räumliche Beschränkung der Sachaufgabe hat nichts mit der örtlichen Zuständigkeit zu tun! Hier geht es nur um die Sachaufgabe, die auf einen gewissen Bereich beschränkt ist!

SCAN ME

Lernvideo zur **präventiv-sachlichen Zuständigkeit**

Für den Inhalt der durch QR-Codes verlinkten Seiten/Videos ist ausschließlich der Autor verantwortlich.

1.2 Befugnisse

1.2.1 Fragen zur Durchsuchung

Wie kann man den Unterschied zwischen einer Durchsuchung und einer Untersuchung erklären?

Unterscheidung Durchsuchung und Untersuchung

Durchsuchung	Untersuchung
Gezielte Suche nach Sachen oder Spuren, die in, an oder unter der Kleidung, auf der Körperoberfläche oder in denjenigen natürlichen Körperöffnungen verborgen sein können, die ohne Weiteres einsehbar sind.	Wenn ohne körperlichen Eingriff die Beschaffenheit (Tatspuren), Funktionsfähigkeit des menschlichen Körpers bzw. einzelner Körperteile, das Vorhandensein von Fremdkörpern in den natürlichen Körperöffnungen oder der psychische Zustand des Beschuldigten mittels sinnlicher Wahrnehmung (Nachschau) festgestellt werden soll. **Eine Nachschau im Intimbereich ist immer eine Untersuchung.**

Unterscheidung Durchsuchung und Untersuchung

Welche präventiven und repressiven Durchsuchungsbefugnisse gibt es (BPolG/StPO)? Benennen Sie auch die relevanten Zielrichtungen!

Im Grunde gibt es drei präventive Durchsuchungsbefugnisse im BPolG. In der StPO gibt es zwei, wobei in der nachfolgenden Übersicht bei der Durchsuchungsmöglichkeit nach §§ 102, 105 StPO nur die Suche nach Beweismitteln erwähnt ist. Darüber hinaus gibt es bei dieser Durchsuchung auch die Möglichkeit, den Verdächtigen zu ergreifen.

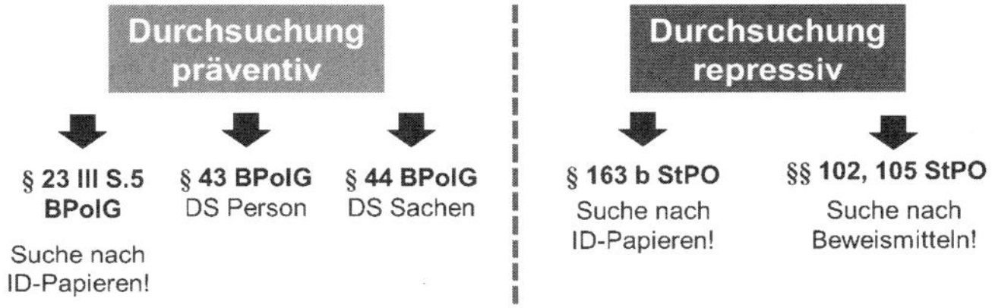

Präventive und repressive Durchsuchungsmöglichkeiten

Welche Zielrichtungen haben die Durchsuchungsmöglichkeiten von Personen gem. § 43 I BPolG?

§ 43 I BPolG

Nr. 1	Anlässlich einer Freiheitsentziehung → Zielrichtungen: • Eigensicherung • Schutz der Person sowie unbeteiligter Dritter (Verhinderung von Verletzungen/Selbsttötung)
Nr. 2	→ Zielrichtung: Sicherstellung einer Sache, § 47 BPolG
Nr. 3	Bei hilflosen Personen → Zielrichtungen: • Suche nach ID-Papieren oder Hinweisen, um Angehörige zu benachrichtigen • Suche nach Hinweisen auf körperlichen Zustand (z. B. mitgeführte bzw. notwendige Medikamente)
Nr. 4	→ Zielrichtungen: • Prävention von Anschlägen • Bewältigung von Risikofußballspielen

Zielrichtungen der Durchsuchung i. S. d. § 43 I BPolG

Welche Zielrichtungen hat die Durchsuchung von Personen gem. § 43 III BPolG?

Die Zielrichtung ist die Suche nach Waffen, Explosivmitteln und anderen gefährlichen Gegenständen. Dies können z. B. Wurfsterne, Schlagringe, Rasierklingen, Schraubendreher sein. Insoweit dient diese Durchsuchung sowohl der Eigensicherung der Beamten als auch dem Schutz des Betroffenen.

Was ist der Unterschied zwischen der Eigensicherungs-Durchsuchung nach § 43 I und der nach § 43 III BPolG?

Bei § 43 III BPolG muss die Durchsuchung vor oder während einer IDF stattfinden. Die Befugnis für die IDF kann entweder präventiver (§ 23 BPolG) oder repressiver Natur sein (§ 163b StPO). Entscheidend ist, dass die IDF noch nicht abgeschlossen ist. Somit ist die Durchsuchung nach § 43 III BPolG auch schon bei einer reinen **freiheitsbeschränkenden Maßnahme** möglich.

Zu beachten ist bei § 43 III BPolG noch, dass die Durchsuchung auch erforderlich sein muss. Hier muss die Gesamtsituation betrachtet und begründet werden, warum die Durchsuchung durchgeführt wurde.

Denkbare Gründe wären:

- konkrete Gewalttätigkeit
- mehrfaches Unterschreiten der Distanz zu den Beamten
- Nachtzeit etc.

Bei § 43 I Nr. 1 BPolG muss es sich um eine **Freiheitsentziehung** auf gesetzlicher Grundlage handeln. Damit sind sowohl Freiheitsentziehungen u. a. nach dem BPolG (s. § 40 BPolG) als auch die nach der StPO (z. B. § 163b I S. 2 StPO – Mitnahme zur Dienststelle) gemeint.

SCAN ME

Lernvideo zur **Durchsuchung zur Eigensicherung**

Für den Inhalt der durch QR-Codes verlinkten Seiten/Videos ist ausschließlich der Autor verantwortlich.

Welche Zielrichtungen hat die Durchsuchung von Sachen gem. § 44 I BPolG?

§ 44 I BPolG

Nr. 1	Anlässlich einer Personen-Durchsuchung nach § 43 BPolG → Zielrichtungen: s. Frage 2
Nr. 2	→ Zielrichtung: Auffinden bestimmter Personen (z. B. geschleuste Personen, entführte Personen)
Nr. 3	→ Zielrichtung: Sicherstellung, § 47 BPolG
Nr. 4	→ Zielrichtungen: • Prävention von Anschlägen • Bewältigung von Risikofußballspielen

Zielrichtungen der Durchsuchung i. S. d. § 44 I BPolG

Was meint die sog. Nachtzeitschranke i. S. d. § 104 StPO?

Durch einen Beschluss des Bundesverfassungsgerichts (BVerfG vom 12. März 2019 – 2 BvR 675/14) gilt die Nachtzeit, entgegen dem Wortlaut des Gesetzes, ganzjährig von 21:00 Uhr bis 06:00 Uhr.

In dieser Zeit dürfen Durchsuchungen gem. § 102 StPO nur bei Gefahr im Verzuge oder zur Wiederergreifung des Beschuldigten oder bei Verfolgung auf frischer Tat erfolgen. Die Nachtzeitschranke umfasst nur Durchsuchungen von Wohnungen, Geschäftsräumen und befriedetem Besitztum.

Die Nachtzeitschranke gilt nicht bei Räumen, die für jedermann zur Nachtzeit zugänglich sind, für Räume, die der Prostitution dienen, polizeibekannte Räumlichkeiten, die als Herbergen oder Versammlungsorte bestrafter Personen, Niederlagen von Sachen, die mittels Straftaten erlangt wurden, Schlupfwinkel des Glücksspiels, oder des unerlaubten Betäubungsmittel- oder Waffenhandels dienen.

Wie ist mit sog. Zufallsfunden während einer Durchsuchung umzugehen?

Zufallsfunde, die während einer Durchsuchung festgestellt werden, können gem. § 108 StPO einstweilen beschlagnahmt werden.

Beispiel:

Die Wohnung des T wird durchsucht, weil dieser verdächtigt wird, Fahrkarten der DB AG zu fälschen und anschließend zu verkaufen. Während der Durchsuchung finden die Polizeivollzugsbeamten eine größere Menge Betäubungsmittel.

Darf eine Durchsuchung zur „Erhärtung" eines möglichen Tatverdachts erfolgen?

Nein, denn vor Beginn der Durchsuchung muss bereits ein Tatverdacht i. S. d. § 152 II StPO vorliegen. Gesicherte Erkenntnisse, ob auch tatsächlich Beweismittel aufgefunden werden, müssen jedoch nicht vorliegen. Hier genügt bereits die Vermutung, dass Beweismittel aufgefunden werden könnten.

1.2.2 Fragen zum Einsatz der Bodycam

In welche Grundrechte greift die Nutzung der Bodycam i. S. d. § 27a BPolG ein?

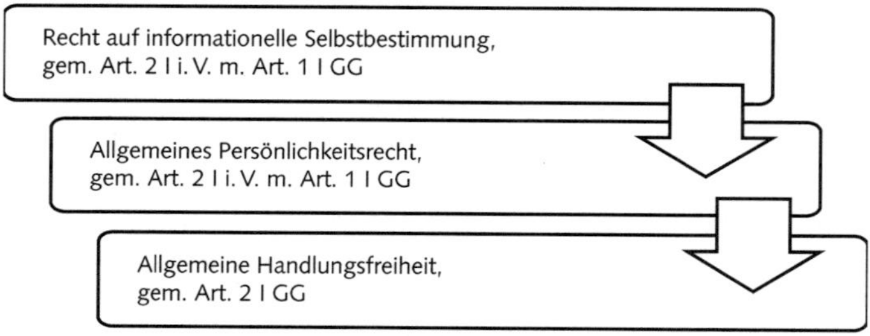

Betroffene Grundrechte beim Einsatz der Bodycam

Wie kann man die Rechtsfolge des Einsatzes der Bodycam erläutern?

Der Einsatz der Bodycam erfolgt zur aktiven Beschaffung von personenbezogenen Informationen über den Betroffenen (§ 46 Nr. 2 BDSG) zum Schutz der eingesetzten Beamten.

Zum Schutz der Beamten meint hierbei, dass eine Gefahr für Leib, Leben, Freiheit oder Eigentum gegen Beamtinnen und Beamte der Bundespolizei sowie Dritte vorliegen muss.

1.2.3 Fragen zur Sicherstellung und Beschlagnahme

Erläutern Sie den Unterschied zwischen einer vollstreckungssichernden Beschlagnahme i. S. d. § 111b StPO i. V. m. §§ 73, 74 StGB und einer verfahrenssichernden Beschlagnahme i. S. d. § 94 II i. V. m. § 98 I StPO.

Die vollstreckungssichernde Beschlagnahme i. S. d. § 111b StPO i. V. m. §§ 73, 74 StGB ist darauf ausgerichtet, Tatmittel, -produkte, -erträge und -objekte einzuziehen.

SCAN ME

Lernvideo zur **Unterscheidung Sicherstellung/ Beschlagnahme**

Für den Inhalt der durch QR-Codes verlinkten Seiten/Videos ist ausschließlich der Autor verantwortlich.

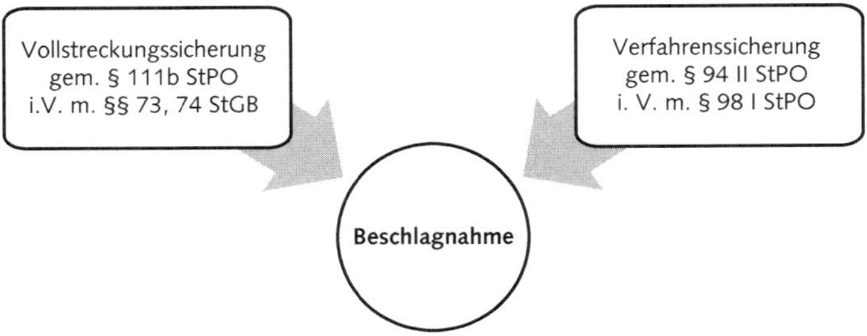

Vollstreckungssichernde und verfahrenssichernde Beschlagnahme

Die Beschlagnahme i. S. d. Verfahrenssicherung gem. § 94 II i. V. m. § 98 I StPO ist hingegen auf die Sicherung des Strafverfahrens ausgerichtet und soll über Beweismittel einen hoheitlichen Gewahrsam herstellen.

Vollstreckungssicherung gem. § 111b StPO i. V. m. §§ 73, 74 StGB	Verfahrenssicherung gem. §§ 94 II i. V. m. 98 I StPO
↓	↓
"vorbereitende" Sicherung der Einziehung bis zur Rechtskraft des Urteils über die Einziehung	Sicherung der Beweismittel für das laufende Strafverfahren
↓	
Sicherung staatlicher Ansprüche	

Unterscheidung Vollstreckungs- und Verfahrenssicherung

Wie kann man die Begriffe Taterträge, -mittel, -produkt und -objekt voneinander abgrenzen?

- Taterträge sind Vermögenszuwächse, die der Täter/Teilnehmer durch eine rechtswidrige Tat oder für eine rechtswidrige Tat erlangt hat.
- Tatprodukte sind Gegenstände, die durch eine vorsätzliche Tat hervorgebracht wurden.
- Tatmittel sind Gegenstände, die zur Begehung oder Vorbereitung einer vorsätzlichen Tat gebraucht oder bestimmt gewesen sind.
- Tatobjekte sind Gegenstände, auf die sich die Straftat bezieht und weder Tatprodukt noch Tatmittel sind, sog. Tatnotwendige Mittel bzw. Beziehungsgegenstände (z. B. Butterflymesser).

Wozu dient eine Sicherstellung?

Eine Sicherstellung dient dazu, dem Polizeipflichtigen den Zugriff auf eine Sache zu verwehren, um so eine Gefahr abzuwehren.

Muss der Polizeipflichtige – bei einer Sicherstellung – auch der Eigentümer der Sache sein?

Im Rahmen einer präventiven Sicherstellung kommt es auf die Eigentumsverhältnisse nicht an. Vielmehr genügt, dass der Polizeipflichtige die tatsächliche Verfügungsgewalt über den betreffenden Gegenstand hat.

Wie kann die Sicherstellung von Beweismitteln erfolgen?

Die *Sicherstellung* von Beweismitteln kann erfolgen …

… ohne **förmliche Beschlagnahme**	… mit **förmlicher Beschlagnahme**
↓	↓
Sicherstellung (§ 94 I) Sie ist eine spezielle Form der Verfügungsgewalt, die als nicht förmliche Maßnahme dann in Betracht kommt, falls der Gegenstand ▪ **vom Gewahrsamsinhaber** freiwillig **herausgegeben wird oder** ▪ **sich** nicht im Gewahrsam **einer Person befindet bzw. diese nicht bekannt ist (herrenlose Sache).**	*Beschlagnahme (§ 94 II)* Sie ist die zwangsweise Sicherstellung, die als förmliche Maßnahme notwendig wird, wenn die Person den Gegenstand ▪ im Gewahrsam **hat und** ▪ nicht freiwillig **zur Verfügung stellt.**

↓

In beiden Fällen der Sicherstellung erfolgt eine behördliche Inverwahrungnahme der Gegenstände (Asservate), aus der zwischen dem Staat und dem Betroffenen ein öffentlich-rechtliches Verwahrungsverhältnis entsteht.

Sicherstellung und Beschlagnahme

Was ist der Unterschied zwischen der Sicherstellung (§ 94 I StPO) und der Beschlagnahme (§ 94 II StPO)?

Dazu folgende Übersicht:

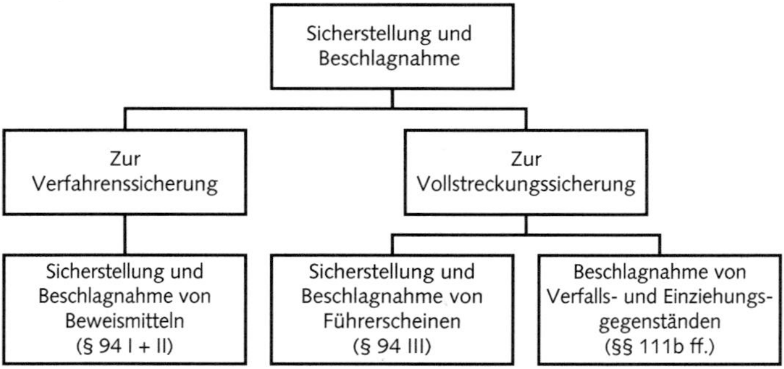

↓

Die *Sicherstellung* von Beweismitteln kann erfolgen …

ohne förmliche Beschlagnahme	**mit** förmlicher Beschlagnahme
↓	↓
Sicherstellung (§ 94 I) Sie ist eine spezielle Form der Verfügungsgewalt, die als **nicht förmliche** Maßnahme dann in Betracht kommt, falls der Gegenstand vom Gewahrsamsinhaber **freiwillig** herausgegeben wird oder sich **nicht im Gewahrsam** einer Person befindet bzw. diese nicht bekannt ist (herrenlose Sache).	**Beschlagnahme (§ 94 II)** Sie ist die zwangsweise Sicherstellung, die als förmliche Maßnahme notwendig wird, wenn die Person den Gegenstand **im Gewahrsam** hat <u>und</u> **nicht freiwillig** zur Verfügung stellt.

↓

In beiden Fällen der Sicherstellung erfolgt eine behördliche **Inverwahrungnahme** der Gegenstände (Asservate), aus der zwischen dem Staat und dem Betroffenen ein öffentlich-rechtliches Verwahrungsverhältnis entsteht.

Übersicht Sicherstellung und Beschlagnahme

Was heißt die „freiwillige Herausgabe" im Zusammenhang mit der Sicherstellung/Beschlagnahme?
Ein Gegenstand wird **nicht freiwillig** herausgegeben, wenn die Herausgabe weder aus eigenem Antrieb noch stillschweigend mit innerer Bereitschaft erfolgt.
Bestehen Zweifel an der Freiwilligkeit, ist die Maßnahme stets als Beschlagnahme zu qualifizieren.

Die Freiwilligkeit setzt die (echte) innere Bereitschaft der betreffenden Person voraus. Es genügt also nicht, dass sich der Täter (im Beisein von Bundespolizisten) in sein Schicksal fügt, weil er keinen Ausweg sieht. Das widerstandslose Übergeben eines Gegenstandes an den PVB ist in den allermeisten Fällen nicht als freiwillige Herausgabe anzusehen.

Wer darf eine Beschlagnahme grundsätzlich nur anordnen?
Die Anordnung der Beschlagnahme obliegt gem. § 98 I StPO **grundsätzlich nur dem Richter**; nur bei Gefahr im Verzug auch den Ermittlungspersonen der Staatsanwaltschaft (§ 12 V BPolG[2]).

Was passiert, wenn der von der Beschlagnahme Betroffene ausdrücklich Widerspruch gegen die Beschlagnahme äußert?
Gemäß § 98 II S. 1 StPO soll der Beamte, der einen Gegenstand ohne gerichtliche Anordnung beschlagnahmt hat, binnen drei Tagen die richterliche Entscheidung darüber einholen.

1.2.4 Fragen zu Maßnahmen der Freiheitsentziehung

Wie kann man den Begriff des Verbringungsgewahrsams erläutern?
Der sog. Verbringungsgewahrsam meint einen Gewahrsam zur Durchsetzung eines Platzverweises i. S. d. § 39 I Nr. 2 BPolG. Jedoch wird hier eine Person nicht im eigentlichen Sinne „eingesperrt", sondern an einen weiter entfernten Ort verbracht, um einen Platzverweis durchzusetzen. Zwar kann ein Verbringungsgewahrsam im Vergleich zu einer Ingewahrsamnahme ein milde-

2 Dies sind alle PVB der BPOL, die mindestens vier Jahre dem Polizeivollzugsdienst angehören.

res Mittel sein, jedoch sind in einem solchen Fall zwingend die äußerlichen Umstände, wie Witterung, Uhrzeit, Anbindung etc. zu beachten.

Worin liegt der Unterschied zwischen den Begriffen Freiheitsbeschränkung und Freiheitsentziehung?
Der Unterschied zwischen einer Freiheitsbeschränkung und einer Freiheitsentziehung stellt einen schmalen Grat dar. Es dürfte immer eine Freiheitsentziehung darstellen, wenn die Bewegungsfreiheit des Einzelnen in alle Richtungen völlig aufgehoben worden ist. Dauer und Art der Freiheitsentziehung, beispielsweise durch Einschließen, spielen keine Rolle. So stellt das Verbringen einer Person für fünf Minuten in eine Gewahrsamszelle immer eine Freiheitsentziehung dar. Die Freiheitsentziehung stellt somit einen besonders intensiven Spezialfall einer Freiheitsbeschränkung dar. Eine Abgrenzung muss im Einzelfall vorgenommen werden.

Welche Erscheinungsformen des Gewahrsams sind denkbar?
Ein Gewahrsam erfolgt nicht ausschließlich, wenn ein Polizeipflichtiger in eine Gewahrsamszelle verbracht wird. So kann das Einschließen in ein Dienstfahrzeug oder ein Zugabteil bereits einen Gewahrsam darstellen.

Welche Formvorschrift ist bei einem Gewahrsam i. S. d. § 39 BPolG zwingend zu beachten?
Im Rahmen eines Gewahrsams i. S. d. § 39 BPolG ist immer der sogenannte Richtervorbehalt gem. Art. 104 GG i. V. m. § 40 BPolG zu beachten.

In § 40 BPolG werden alle freiheitsentziehenden Maßnahmen des BPolG erwähnt, bei denen die Bundespolizei unverzüglich eine richterliche Entscheidung über Zulässigkeit und Fortdauer der Freiheitsentziehung herbeizuführen hat, es sei denn, die Herbeiführung der richterlichen Entscheidung würde voraussichtlich längere Zeit in Anspruch nehmen, als zur Durchführung der Maßnahme notwendig wäre (**Kurzzeitklausel**).

Folgende Freiheitsentziehungen sind genannt:

- **§ 23 III S. 4 BPolG** = Festhalten und Mitnahme zur Dienststelle im Rahmen der IDF, wenn die Identität bzw. die Berechtigung zum Grenzübertritt auf andere Weise nicht oder nur unter erheblichen Schwierigkeiten festgestellt werden kann.
- **§ 25 III BPolG** = Zwangsweise Durchsetzung der Vorladung, sofern der Betroffene dieser ohne hinreichenden Grund keine Folge leistet.
- **§ 39 I und II BPolG** = Gewahrsamnahme von Personen aus unterschiedlichsten Gründen (z. B. Schutzgewahrsam, § 39 I Nr. 1 BPolG).
- **§ 43 V BPolG** = Eine Person kann festgehalten und zur Dienststelle mitgenommen werden, wenn die Durchsuchung auf andere Weise nicht oder nur unter erheblichen Schwierigkeiten durchgeführt werden kann.

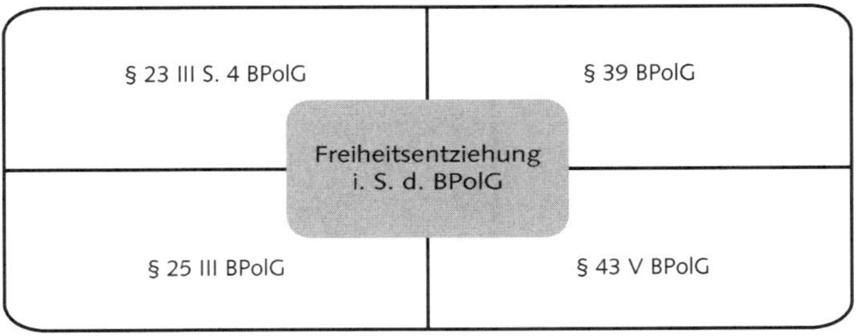

Freiheitsentziehung i. S. d. BPolG

Ist die Anwendung von § 163b I StPO zum Festhalten einer Person opportun, wenn die Identität bereits feststeht?

Steht die Identität einer Person bereits fest, kommt § 163b I StPO nicht mehr in Frage und es muss beispielsweise auf § 127 I StPO zurückgegriffen werden.

1.2.5 Fragen zur Identitätsfeststellung

Welches Ziel wird mit einer lagebildabhängigen Befragung i. S. d. § 22 Ia BPolG verfolgt?
Durch eine lagebildabhängige Befragung i. S. d. § 22 Ia BPolG wird das Ziel verfolgt, Informationen über das Phänomen der unerlaubten Einreise zu beschaffen, um dadurch diese in Zukunft zu unterbinden bzw. zu verhindern.

Unter der Verhinderung der unerlaubten Einreise versteht man das von vorneherein unmöglich machen der unerlaubten Einreise. Im Gegensatz hierzu meint das Unterbinden der unerlaubten Einreise das Abbrechen eines bereits in Gang gesetzten unerlaubten Einreisevorgangs.
Es geht also bei der Befragung gem. § 22 Ia BPolG **nicht um eine Identitätsfeststellung.**

Was sind personenbezogene Daten?
Gemäß § 46 I Bundesdatenschutzgesetz (BDSG) sind dies alle Informationen, die sich auf eine identifizierte oder identifizierbare natürliche Person (betroffene Person) beziehen.

Einzelangaben über persönliche Verhältnisse	Einzelangaben über sachliche Verhältnisse
• Name, Vorname, Tag und Ort der Geburt, Wohnanschrift, Staatsangehörigkeit → Datenerhebung erfolgt über § 23 BPolG • Konkrete Bewegungsrichtung, Verhaltensweisen einer Person → Datenerhebung erfolgt über § 21 I BPolG (sog. Datenerhebungsgeneralklausel)	• Diese stellen nur dann personenbezogene Daten dar, wenn diese mit einer natürlichen Person verknüpft sind. • Beispiel: Kfz-Kennzeichen Durch eine polizeiliche Abfrage im ZEVIS erhält die Polizei Zugang zu den Halterdaten (Name, Vorname etc.)

Übersicht personenbezogene Daten

Erläutern Sie, in welchen räumlichen Aufgabenbereichen Befragungen der BPOL gem. § 22 Ia BPolG grundsätzlich zulässig sind.
Befragungen gem. § 22 Ia BPolG können grundsätzlich sowohl in Zügen und auf dem Gebiet der Bahnanlagen der Eisenbahnen des

Bundes (§ 3 BPolG) als auch in Anlagen oder Einrichtungen eines Verkehrsflughafens (§ 4 BPolG) durchgeführt werden. Während in Zügen/auf dem Gebiet der Bahnanlagen Lageerkenntnisse in Bezug auf unerlaubte Einreisen erforderlich sind, bedarf es am Verkehrsflughafen lediglich grenzüberschreitenden Verkehrs.

§ 22 I BPolG	
Örtlichkeit	
In Zügen und auf dem Gebiet der Bahnanlagen der Eisenbahnen des Bundes (§ 3 BPolG)	In Anlagen oder Einrichtungen eines Verkehrsflughafens (§ 4 BPolG)
Lageerkenntnisse erforderlich?	
Ja, in Bezug auf unerlaubte Einreisen.	Nein.
Zulässigkeit § 22 Ia BPolG	

Was ist das Besondere beim Aufbau des § 23 BPolG?

Normalerweise ist eine Rechtsnorm derart aufgebaut, dass diese aus dem Tatbestand (Voraussetzungen) und der Rechtsfolge besteht.

Der Tatbestand ist bei § 23 im Absatz 1 in den Nr. 1 bis 5 geregelt. Die Rechtsfolge hingegen in Absatz 3. Deshalb muss in Prüfungen, sofern eine präventive IDF in Betracht kommt, die Norm wie folgt zitiert werden:

- **§ 23 I Nr. 1 bis 5** [jeweilige Nummer, die in Betracht kommt] **i. V. m. III BPolG**

§ 23 I Nr. 1 bis 5 = Tatbestand → **§ 23 III = Rechtsfolge**
- insb. anhalten, nach Personalien befragen, Ausweispapiere verlangen
- Durchsuchung zur IDF

SCAN ME

Hier finden Sie ein **Lernvideo** zur **IDF nach § 23 I Nr. 1, III BPolG**

Für den Inhalt der durch QR-Codes verlinkten Seiten/Videos ist ausschließlich der Autor verantwortlich.

Welchen Umfang hat eine Personalien-Feststellung?
Die Feststellung der Personalien umfasst dabei insbesondere die Erhebung von:

- Familienname, Vorname
- ggf. Geburtsname, Künstlername
- Geburtsdatum
- Geburtsort
- Wohnort (Wohnung)
- ausgeübter Beruf
- Familienstand
- Staatsangehörigkeit

Was sind „erforderliche Maßnahmen" i. S. d. § 23 III S. 1 BPolG?
Der Satz 1 formuliert die Rechtsfolge „generalklauselartig". Damit können Maßnahmen getroffen werden, die von den folgenden Sätzen nicht umfasst sind.

> **Denkbare Beispiele sind:**
> - Erkundigungen bei Dritten
> - Anfragen bei Behörden

Welche Rolle spielt § 111 OWiG im Zusammenhang mit einer IDF?
Verweigert eine Person die Personalien-Angabe oder gibt falsche Personalien an, kommt eine Ordnungswidrigkeit nach § 111 OWiG in Betracht.

Was versteht man unter sog. Gefährdungslagekontrollen und welche Zielrichtung haben diese?
Als Rechtsgrundlage für sog. Gefährdungslagekontrollen fungiert der § 23 I Nr. 4 BPolG. Hauptzielrichtungen sind

- die Prävention von Anschlägen (Terrorabwehr)
- sowie die Bewältigung von Risikofußballspielen.

Für § 23 I Nr. 4 BPolG muss <u>keine</u> 3-stufige Polizeigefahr vorliegen, sondern zunächst (lediglich) Tatsachen, die die Annahme rechtfertigen, dass dort Straftaten begangen werden sollen, durch die in oder an diesen Objekten befindliche Personen oder diese Objekte selber unmittelbar gefährdet sind.

Eine wichtige weitere Voraussetzung, die vorliegen muss, ist die Erforderlichkeit der IDF; entweder aufgrund der Gefährdungslage oder aufgrund personenbezogener Anhaltspunkte:

- **Gefährdungslage:** Die BPOL kann in ihrem Zuständigkeitsbereich einzelne Objekte zu gefährdeten Objekten erklären mit der Folge, dass keine personenbezogenen Anhaltspunkte erforderlich sein müssen, um die IDF durchzuführen.
- **Personenbezogene Anhaltspunkte:** Sofern das jeweilige Objekt nicht als gefährdet deklariert ist, müssten personenbezogene Anhaltspunkte vorliegen. Diese leiten sich u. a. aus dem konkreten Verhalten der Person(-en) ab (z. B. gewaltbereites und lautstarkes Äußern, Anpöbeln der anderen Fans oder Reisenden).

Unter welchen Voraussetzungen stellt die BPOL die IDF zum Schutz privater Rechte (§ 23 I Nr. 5 BPolG) fest?

> **Beispiel:**
>
> BPOLI Hamburg: Ein Bahnreisender (B) beschädigt beim Hantieren mit seinem Gepäck das Tablet eines Mitreisenden (M). B verweigert die Herausgabe der Personalien mit der Begründung, es sei schon vorher beschädigt gewesen. Der Geschädigte bittet die zufällig im Zug befindliche Streife der BPOL um Hilfe.
> Relevanz hat der § 23 I Nr. 5 BPolG bei fahrlässigen Sachbeschädigungen, die nicht strafbar sind. Hintergrund ist die Sicherung der Identität des Schädigers, da der Geschädigte nach § 823 I StGB einen privaten Schadensersatzanspruch hat. Die Aufgabe ist in § 1 IV BPolG geregelt.

Was versteht man unter dem Begriff „Festhalten“ gem. § 163b I StPO?

Es handelt sich beim Festhalten und der Mitnahme zur Dienststelle nach herrschender Meinung bereits um eine freiheitsentziehende Maßnahme i. S. d. Art. 104 II GG.

Freiheitsbeschränkung	Freiheitsentziehung
= diese liegt vor, wenn jemand durch die öffentliche Gewalt gegen seinen Willen daran gehindert wird, einen Ort aufzusuchen oder sich an einem Ort aufzuhalten, der ihm an sich (tatsächlich und rechtlich) zugänglich ist. Beispiel: Eine (normale) IDF gem. § 163b I StPO, die i. d. R. nach 10–20 Minuten abgeschlossen ist.	= diese ist gegeben, wenn die körperliche Fortbewegungsfreiheit durch staatliche Maßnahmen nach jeder Richtung hin aufgehoben wird. Eine Freiheitsentziehung unterliegt dem Richtervorbehalt, Art. 104 II GG. Beispiel: Bei einer IDF gem. § 163b I StPO gibt die Person an, keinen Personalausweis bei sich zu haben. Daraufhin wird die Person nach Ausweisdokumenten durchsucht (§ 163b I S. 2 und 3 StPO). Hier liegen bereits die Voraussetzungen für eine Freiheitsentziehung vor.

Unterschied Freiheitsbeschränkung und -entziehung

SCAN ME

Lernvideo zur **IDF**
beim Unverdächtigen
gem. § 163b II StPO

Für den Inhalt der durch QR-Codes verlinkten Seiten/Videos ist ausschließlich der Autor verantwortlich.

1.2.6 Fragen zu allgemeinpolizeilichen Maßnahmen

In welchen Situationen kommt die Generalklausel zur Anwendung?

Die Generalklausel soll atypische Gefahrensituationen erfassen, bei denen keine spezielle Befugnis vorhanden ist, z. B.

- Aufforderung an eine Person, den Hund an die Leine zu nehmen
- Aufforderung an eine Person im Rahmen einer Kontrolle, einen gefährlichen Gegenstand auf den Boden zu legen

SCAN ME

Lernvideo zur TBM-Struktur
des **§ 14 I BPolG**

Für den Inhalt der durch QR-Codes verlinkten Seiten/Videos ist ausschließlich der Autor verantwortlich.

Erläutern Sie den Unterschied zwischen dem Platzverweis (§ 38 BPolG) und der Generalklausel (§ 14 I BPolG)!

Der Platzverweis ist eine Spezialbefugnis gegenüber der Generalklausel nach § 14 I BPolG. Obwohl beide Befugnisse eine 3-stufige Polizeigefahr verlangen, ist der Platzverweis ein intensiverer Eingriff in die Grundrechte des Bürgers.

Die Abwägung, welche Maßnahme in Betracht kommt, wird auf Ebene der Verhältnismäßigkeit beim Prüfungspunkt Erforderlichkeit relevant. Hier ist diejenige Maßnahme zu wählen, die den Betroffenen am wenigsten in seinen Grundrechten einschränkt und ebenfalls geeignet ist, das polizeiliche Ziel zu erreichen.

Sind sog. Begleiteingriffe auch von der Generalklausel abgedeckt?

> **Beispiel:**
>
> Eine Person wird im Rahmen einer präventiven IDF aufgefordert, stehenzubleiben und das Handgepäck auf den Boden zu stellen.
> Dieser Begleiteingriff dient dazu, die eigentliche IDF erst zu ermöglichen. Als Rechtsgrundlage kommt hier die IDF (z. B. § 23 BPolG) selber in Betracht, und nicht die Generalklausel.

Welche Rechtsfolgen sieht der § 38 BPolG vor und was bedeutet „vorübergehend“?

Eine mögliche Rechtsfolge ist das Verweisen von einem Ort, also das „Wegschicken“ einer Person. Die andere Rechtsfolge ist das Verbot, einen bestimmten Ort zu betreten, das sog. Ortsverbot. Das Merkmal „vorübergehend“ bedeutet maximal 24 Stunden.

SCAN ME

Lernvideo zur TBM-Struktur des **§ 38 BPolG** sowie zur Abgrenzung zur Generalklausel

Für den Inhalt der durch QR-Codes verlinkten Seiten/Videos ist ausschließlich der Autor verantwortlich.

Ist ein sogenanntes längerfristiges Betretungsverbot durch § 38 BPolG gedeckt?

Nein, der § 38 BPolG spricht eindeutig von einem vorübergehenden Verweisen bzw. Vertretungsverbot. Ein mögliches längerfristiges Aufenthaltsverbot könnte sich auf § 14 I BPolG stützen. Blickt man jedoch in die Polizeigesetze der Polizeien der Länder, so stellt man fest, dass dort das Aufenthaltsverbot speziell geregelt ist (z. B. Art. 16 PAG BY). Ein Rückgriff auf die Generalklausel des BPolG wäre somit aufgrund des Bestimmtheitsgebotes untunlich. Denn je intensiver in die Rechte des Einzelnen eingegriffen wird, desto höher sind die Anforderungen an die Bestimmtheit der Maßnahme im Einzelfall.

1.3 Straftaten

1.3.1 Allgemeine Fragen zum Strafrecht

Wie kann man das formelle und das materielle Strafrecht voneinander abgrenzen?

Das formelle Strafrecht wird hauptsächlich durch die Strafprozessordnung (StPO) abgebildet. Das Strafgesetzbuch (StGB) und die Strafnebengesetze (BtMG, WaffG, AuslR etc.) bilden das materielle Strafrecht ab.

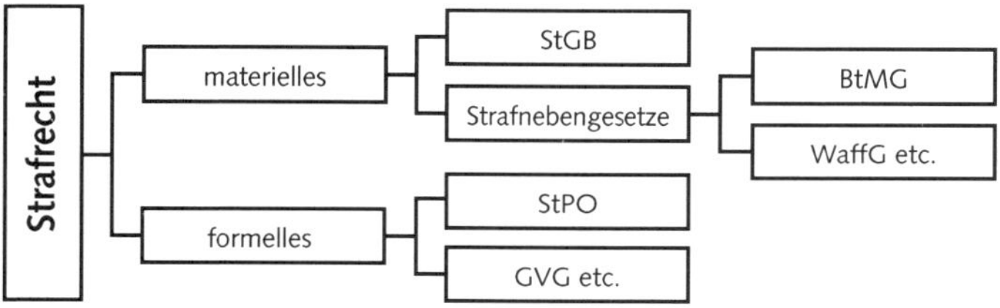

Formelles und materielles Strafrecht

Das materielle Strafrecht beschreibt die Voraussetzungen der Strafbarkeit von bestimmten menschlichen Verhaltensweisen, die als sozialschädlich angesehen werden und deren Rechtsfolgen. Das StGB wird in einen Allgemeinen Teil (Voraussetzungen der Strafbarkeit) und einen Besonderen Teil (strafbare Handlungen und deren Rechtsfolgen) unterteilt.

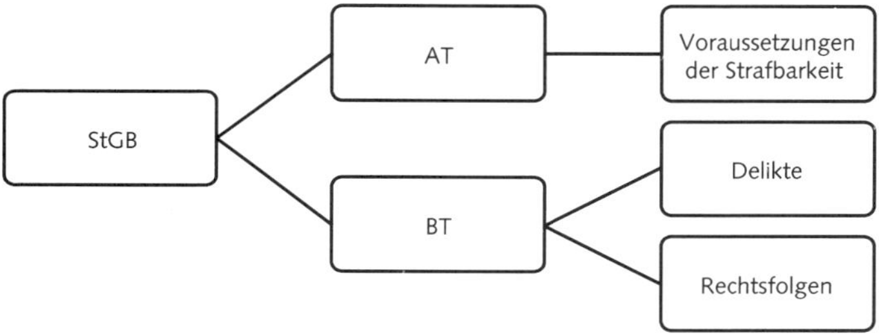

Einteilung StGB

Welche Prinzipien gibt es im Strafrecht?

Analogieverbot

- Keine Strafe bei straffreien Verhaltensweisen, die Straftaten ähnlich sind.

Bestimmtheitsgebot

- Der Bürger muss erkennen können, was verboten ist.

Verbot der Doppelbestrafung

- Niemand darf wegen derselben Tat zweimal bestraft werden.

Rückwirkungsverbot

- Für Handlungen in der Vergangenheit dürfen nur die damals geltenden Gesetze angewendet werden.

Keine Strafe ohne Gesetz

- Man darf nur für durch das Gesetz verbotene Handlungen bestraft werden.

Prinzipien des Strafrechts

Welche weiteren Prinzipien gibt es im Strafrecht?

§ 3 StGB	• Tatortprinzip
§ 4 StGB	• Flaggenprinzip
§ 5 StGB	• Schutzprinzip
§ 6 StGB	• Weltrechtsprinzip
§ 7 StGB	• Weitere Auslandstaten
§ 8 StGB	• Zeit der Tat
§ 9 StGB	• Ort der Tat

Weitere Prinzipien des Strafrechts

Welche Deliktsarten i. S. d. § 12 StGB gibt es?

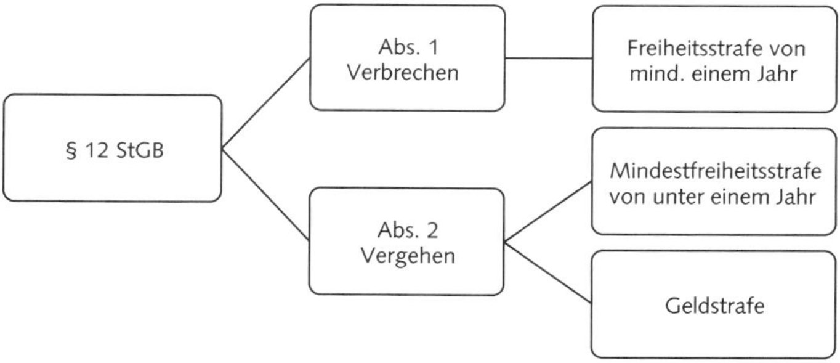

Deliktsarten i. S. d. § 12 StGB

SCAN ME

Lernvideo zur **Unterscheidung Verbrechen/ Vergehen**

Für den Inhalt der durch QR-Codes verlinkten Seiten/Videos ist ausschließlich der Autor verantwortlich.

Ergänzend hierzu ein Lernvideo zur Einteilung der Straftaten in Offizial- und Antragsdelikte.

SCAN ME

Lernvideo zur Einteilung von Straftaten in **Offizial- und Antragsdelikte**

Für den Inhalt der durch QR-Codes verlinkten Seiten/Videos ist ausschließlich der Autor verantwortlich.

Welche grundlegenden Handlungen gibt es im Strafrecht?

Tun	Unterlassen
Das Entfalten von – wenn auch nur geringer – Kraft oder körperlicher Aktivität, die in irgendeiner Weise verändernd in die Außenwelt eingreift.	Das Nicht-Entfalten von Aktivität und Nicht-Eingreifen in ablaufende Kausalprozesse.

Handlungen im Strafrecht

Welche Vorsatzarten gibt es im Strafrecht?

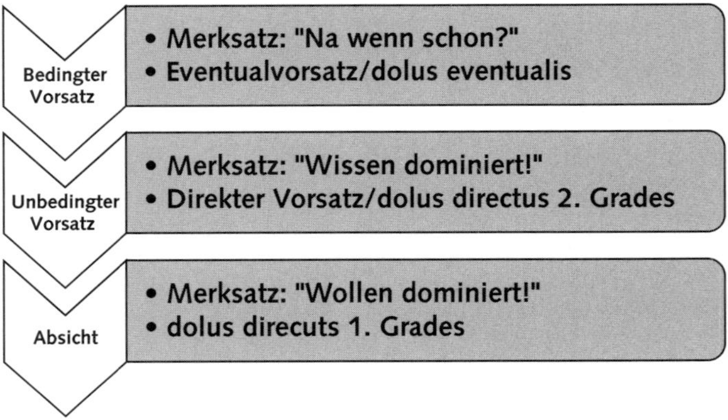

Vorsatzarten

Wie lassen sich Vorsatz und Fahrlässigkeit voneinander abgrenzen?

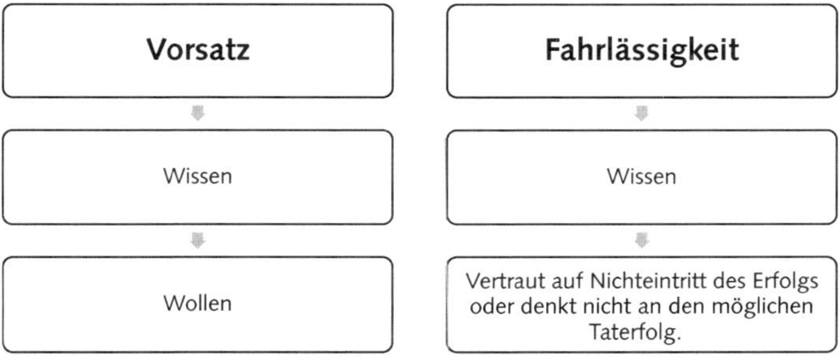

Unterscheidung Vorsatz und Fahrlässigkeit

1.3.2 Fragen zu den Beleidigungsdelikten

Wie kann man die Beleidigungsdelikte i. S. d. §§ 185–187 StGB voneinander abgrenzen?

Beleidigung § 185 StGB	**Üble Nachrede § 186 StGB**	**Verleumdung § 187 StGB**
rechtswidriger Angriff auf die innere Ehre	rechtswidriger Angriff auf die äußere Ehre (Rufgefährdung)	rechtswidriger Angriff auf die äußere Ehre (Rufgefährdung)
durch Werturteil oder Tatsachenbehauptung	durch Tatsachenbehauptung (nicht erweislich wahr)	durch bewusst unwahre Tatsachenbehauptungen
gegenüber dem Betroffenen	-----	-----
gegenüber Dritten (nur Werturteil)	gegenüber Dritten	gegenüber Dritten

Abgrenzung der Beleidigungsdelikte

1.3.3 Fragen zu den Verkehrsdelikten

Wie unterscheidet sich der § 315 StGB (Gefährlicher Eingriff in den Bahn-, Schiffs- und Luftverkehr) vom § 315a StGB (Gefährdung des Bahn,- Schiffs- und Luftverkehrs)?

§ 315 StGB	§ 315a StGB
= erfasst primär **von außen kommende**, verkehrsfremde Eingriffe	= erfasst primär Gefährdungen durch **betriebsinternes Verhalten**
Beispiele	*Beispiele*
• Legen von Betonplatten auf die Gleise • Steinwürfe auf Züge	• Fahruntüchtigkeit des Fahrzeugführers • Grobe Verstöße gegen Sicherheitsvorschriften

Unterscheidung § 315 StGB und § 315a StGB

Was versteht man unter einem ähnlichen, ebenso gefährlichen Eingriff im Sinne des § 315 I Nr. 4 StGB?
Bei einem ähnlichen, ebenso gefährlichen Eingriff handelt es sich um Verhaltensweisen, die unmittelbar auf Verkehrsvorgänge einwirken und den Eingriffen nach § 315 I Nr. 1–3 StGB in ihrer Art und Intensität entsprechen.

Beispiele:

- unberechtigtes Ziehen der Notbremse beim fahrenden Zug,
- Laserpointer gegen den Flugzeugkapitän,
- Steinwürfe auf den Lokführer

Wie lässt sich die Beeinträchtigung der Verkehrssicherheit i. S. d. § 315 StGB beschreiben?
Eine Beeinträchtigung der Verkehrssicherheit liegt vor, wenn die normale abstrakte Betriebsgefahr derart gesteigert ist, dass eine konkrete Gefahr hierdurch deutlich wahrscheinlicher geworden ist. Liegt eine konkrete Gefahr vor, so ist dies ein Indiz hierfür. Dadurch muss der Schadenseintritt aber in so bedrohliche Nähe gerückt worden sein, dass eine Vermeidung des Unglücks nur noch reiner Zufall ist.

Was versteht man unter der Herbeiführung einer konkreten Gefahr im Sinne des § 315 StGB?
Der Schadenseintritt muss in so bedrohliche Nähe gerückt sein, dass seine Vermeidung sich nur noch als Zufall darstellt (Beinahe-Unfall). Die Erforderlichkeit einer Schnellbremsung ist ein Indiz hierfür! Die konkrete Gefahr muss nachgewiesen werden für:

Fremde Sachen von bedeutendem Wert (umfasst betriebsfremde Sachen, aber auch Betriebs- und Beförderungsgegenstände). Die Mindestgrenze für bedeutenden Sachwert liegt bei 1.300 Euro.	Leib/Leben eines beliebig anderen Menschen

1.3.4 Fragen zu den Rohheitsdelikten

Worin bestehen die Unterschiede zwischen den §§ 223, 224 und 226 StGB?

- § 223 – Grundtatbestand → Vergehen
- § 224 – Grundtatbestand + **Gefährlichkeit der Tatausführung und verminderte Abwehrmöglichkeiten des Opfers gegenüber dem Täter** → Vergehen
- § 226 – Grundtatbestand + **erhebliche gesundheitliche Folgen durch die Körperverletzung** → Verbrechen

SCAN ME

Lernvideo zu den **KV-Delikten (Überblick)**

Für den Inhalt der durch QR-Codes verlinkten Seiten/Videos ist ausschließlich der Autor verantwortlich.

Was ist der Unterschied zwischen einer Waffe und einem gefährlichen Werkzeug i. S. d. § 224 I Nr. 2 StGB?

Waffe	Gefährliches Werkzeug
= Gegenstand, der tatsächlich geeignet und dazu bestimmt ist, Menschen zu verletzen (sog. Waffen im technischen Sinne).	= Gegenstand, der nach seiner objektiven Beschaffenheit und der Art seiner Verwendung im konkreten Fall geeignet ist, erhebliche Verletzungen herbeizuführen.
Beispiele: • Schusswaffe(n) • Kampfmesser	Beispiele: • Regenschirm • Bierflasche

Unterschied zwischen einer Waffe und einem gefährlichen Gegenstand

Was versteht man bei § 224 I Nr. 4 StGB unter dem Tatbestandsmerkmal gemeinschaftlich?
Darunter versteht man ein **einverständliches <u>aktives</u> Zusammenwirken** von mind. **zwei Personen** bei der Tat, d. h. die Handelnden treten dem Opfer gemeinsam gegenüber.

Ausreichend ist, wenn eine am TO anwesende Person den unmittelbar Tatausführenden **<u>aktiv</u> physisch** unterstützt (z. B. Fluchtverhinderung; Zureichen von Werkzeugen). Ebenso eine psychische Unterstützung, z. B. durch Demonstration von Eingriffsbereitschaft.

Eine allein passiv befürwortende, den Tatwillen des Haupttäters bestärkende Beihilfe reicht auch bei Anwesenheit am Tatort nicht aus.

Was versteht man bei § 224 I Nr. 5 StGB unter dem Tatbestandsmerkmal einer das Leben gefährdenden Behandlung?
Die Verletzungshandlung ist aufgrund den **konkreten Umständen** objektiv geeignet, das Leben des Opfers **in Gefahr** zu bringen.

Beispiele:

- Wuchtige Tritte und Schläge gegen den Kopf
- Werfen eines Kindes in einen eiskalten Bach
- Herunterreißen vom Fahrrad oder Moped
- Stoßen des Kopfes gegen eine Hauswand
- Massive Würgegriffe gegen den Hals

Wie unterscheiden sich die §§ 113, 114 StGB von der Zielrichtung des Täters her?
Bei § 113 StGB geht es dem Täter primär um die Erschwerung der Maßnahme.

Bei § 114 StGB ist der Vollstreckungsbeamte als Person Ziel des Täters. In der Regel wird neben dem § 114 StGB auch eine versuchte oder vollendete Körperverletzung (§§ 223 ff. StGB) vorliegen.

Was versteht man unter sog. objektiver Bedingung der Strafbarkeit gemäß § 113 III StGB?
Auf diese objektive Bedingung der Strafbarkeit muss sich der Vorsatz des Täters nicht beziehen.

Im Sinne des § 113 III StGB bedeutet dies, dass die Tat nicht (nach dieser Vorschrift) strafbar ist, wenn die Diensthandlung nicht rechtmäßig durchgeführt wird. Der Vorsatz des Täters muss sich darauf nicht beziehen. Unter Rechtmäßigkeit der Diensthandlung fallen folgende Kernpunkte:

- **Zuständigkeit** (sachlich und örtlich) muss vorliegen
- rechtmäßige **Befugnis** zur Vollstreckungshandlung muss vorliegen
- wesentliche **Formvorschriften** müssen beachtet werden
- **Ermessen** muss pflichtgemäß ausgeübt werden

Was versteht man bei § 113 I StGB unter der Begrifflichkeit „bei der Vornahme einer solchen Diensthandlung“?
Die Vollstreckungshandlung besteht in einer polizeirechtlichen oder strafprozessualen Maßnahme, die unmittelbar bevorsteht, schon begonnen hat und noch nicht beendet ist. Keine Vollstreckungshandlungen sind bspw. Streifenfahrten und Vernehmungen.

Was versteht man unter einer Diensthandlung gemäß § 114 I StGB?

Darunter versteht man jedes hoheitliche <u>und</u> schlicht-hoheitliche Tätigwerden des Amtsträgers.

Hoheitliches Handeln	Schlicht-hoheitliches Handeln
• darunter fallen klassische Vollstreckungshandlungen wie z. B. präventive und repressive Identitätsfeststellungen (§ 23 BPolG/§ 163b StPO)	• darunter fallen z. B. Streifen- und Überwachungstätigkeiten • auch allgemeine organisatorische Maßnahmen wie Auftanken des Dienst-Kfz

Unterschied zwischen hoheitlichem und schlicht-hoheitlichem Handeln

Bewerten Sie bei den folgenden Sachverhalten, ob es sich um § 113 StGB oder § 114 StGB handelt. Sofern keiner der beiden Tatbestände in Betracht kommt, tragen Sie ein (weder noch) ein.

SACHVERHALT	IHRE BEWERTUNG
Zwei Beamte der BPOL laufen Streife und werden von einer Person mit Flaschen beworfen.	
Zwei Beamte der BPOL laufen Streife und werden von C verbal bedroht.	
Zwei Beamte der BPOL kontrollieren den C. Dieser schlägt plötzlich mit der Faust auf das Gesicht eines der PVB ein.	
Zwei Beamte der BPOL stellen die Identität des P fest. P droht, die beiden PVB zu schlagen.	
Zwei Beamte der BPOL nehmen P in Gewahrsam. Auf dem Weg zur Dienststelle hält sich der P an einer Bank fest.	

SACHVERHALT	LÖSUNG
Zwei Beamte der BPOL laufen Streife und werden von einer Person mit Flaschen beworfen.	§ 114 StGB Abs. 2: Besonders schwerer Fall
Zwei Beamte der BPOL laufen Streife und werden von C verbal bedroht.	Weder noch. Ggf. § 240 oder § 241 StGB

SACHVERHALT	LÖSUNG
Zwei Beamte der BPOL kontrollieren den C. Dieser schlägt plötzlich mit der Faust auf das Gesicht eines der PVB ein.	§ 114 StGB
Zwei Beamte der BPOL stellen die Identität des P fest. P droht, die beiden PVB zu schlagen.	§ 113 StGB
Zwei Beamte der BPOL nehmen P in Gewahrsam. Auf dem Weg zur Dienststelle hält sich der P an einer Bank fest.	§ 113 StGB

1.3.5 Fragen zu den Eigentumsdelikten

Wie erfolgt die rechtliche Bewertung bei einer „Gewahrsamslockerung"?
Nach herrschender Meinung steht auch eine gewisse räumliche Lockerung der tatsächlichen Sachherrschaft nicht entgegen, sofern dies im Rahmen des sozial Üblichen liegt. Dementsprechend bedarf es keiner ständigen körperlichen Nähe zwischen Person und Sache, sodass z. B. auch der Reisende noch Gewahrsam an seinem Koffer hat, den er einem Gepäckträger zur Aufbewahrung in einem Schließfach übergibt. Sogar größere Entfernungen „lockern" lediglich die Sachherrschaft, wodurch selbst derjenige Gewahrsam behält, der sich während des Urlaubs fernab von seinen zu Hause gelassenen Sachen befindet.

Unter welchen Voraussetzungen erfolgt ein „Gewahrsamsbruch"?
Gewahrsamsbruch setzt in der Regel voraus, dass die Sache von ihrem Aufbewahrungsort entfernt wird. Befindet sich die Sache in einer „generell beherrschten Gewahrsamssphäre", hat der Gewahrsamsbruch erst dann stattgefunden, wenn die Sache aus dieser Sphäre herausgeschafft wurde (z. B. Wohnungen, Selbstbedienungsläden). Ausnahmsweise kann der Gewahrsam an einer Sache bereits innerhalb der fremden Gewahrsamssphäre gebrochen werden, sofern es sich bei dem Tatobjekt um eine kleine, leichte und handliche Sache handelt.

> **Beispiel:**
>
> In einer Drogerie im Bahnhof wird der T vom Detektiv dabei gestellt, wie dieser ein Fläschchen Parfum in die Jackentasche steckte.
> Hier wird der Gewahrsamsbruch vollzogen, weil T zum Parfum innerhalb einer fremden Gewahrsamssphäre eine körperliche Beziehung herstellt. Diese neue täterschaftliche Beziehung zur Sache ist deutlich enger als die im generellen Herrschaftsbereich ursprünglich bestehende Beziehung zwischen Sache und Gewahrsamsinhaber.

Was versteht man unter dem Merkmal „Rechtswidrigkeit der Zueignung"?
Diese spezielle Rechtswidrigkeit darf nicht verwechselt werden mit der Rechtswidrigkeit der Tat. Die Rechtswidrigkeit der Zueignung bezeichnet – und zwar bereits auf der objektiven Tatbestandsebene – den Widerspruch zur materiellen Eigentumsordnung. Das bedeutet nichts anderes als das Fehlen eines Rechts auf Eigentumserwerb.

Was besagt die Geringwertigkeitsgrenze im Zusammenhang mit dem Diebstahl?
Die Wertgrenze von derzeit 50 Euro ist beim Diebstahl geringwertiger Sachen (§ 248a StGB) zu beachten. Dieses Delikt ist ein relatives Antragsdelikt. Wird die Grenze überschritten, liegt keine Geringwertigkeit mehr vor und die Tat wird zum Offizialdelikt. Dies ist beim Diebstahl der Normalfall.

Wie kann man den Raub gem. § 249 StGB vom räuberischen Diebstahl gem. § 252 StGB voneinander abgrenzen?
Raub ist die Verwirklichung eines Diebstahls durch Gewalt oder durch Drohung mit einer gegenwärtigen Gefahr für Leib und Leben. D. h., der eigentliche Diebstahl wird durch Gewalt erst ermöglicht.

Beim **räuberischen Diebstahl** verteidigt der Täter die durch Diebstahl erlangte Beute mit Gewalt oder durch Drohung mit einer Gefahr für Leib und Leben.

Wie kann man die räuberische Erpressung gem. § 253 StGB vom Raub gem. § 249 StGB abgrenzen?
Raub ist die Verwirklichung eines Diebstahls durch Gewalt oder durch Drohung mit einer gegenwärtigen Gefahr für Leib und Leben. D. h., der eigentliche Diebstahl wird durch Gewalt erst ermöglicht.
Bei der **räuberischen Erpressung** wird das Raubmittel zur Erzwingung der Herausgabe der Beute eingesetzt.

1.3.6 Fragen zu den Betrugsdelikten

Schützt das Tragen eines T-Shirts mit der Aufschrift: „Ich fahre schwarz" vor einer Strafbarkeit gem. § 265a StGB?
Ein Erschleichen von Leistungen i. S. d. § 265a StGB liegt bereits dann vor, wenn der Täter ein Tatmittel unberechtigt nutzt und sich dabei allgemein mit dem Anschein umgibt, er erfülle die nach den Geschäftsbedingungen des Betreibers (Verkehrsunternehmen) erforderlichen Voraussetzungen („Anschein der Ordnungsmäßigkeit").[3]

Ob jemand dabei ein T-Shirt, Schild oder Mütze trägt, mit welchem(r) er kundtut, dass er das Entgelt nicht entrichtet hat oder entrichten will, ist unerheblich. Da dieser sich zum einem klar den jeweiligen Beförderungsbedingungen entgegenstellt und es zum anderen beim Erschleichen von Leistungen i. S. d. § 265a StGB auf eine Täuschungshandlung expressis verbis nicht ankommt. Eine Wahrnehmung der anderen Fahrgäste ist ebenfalls unerheblich.[4]

Wie lässt sich § 265a StGB von § 263 StGB (Betrug) abgrenzen?
§ 265a StGB stellt einen Auffangtatbestand zu § 263 StGB dar. Auf eine Täuschungshandlung (gegenüber einem Menschen) kommt es bei § 265a StGB nicht an, wohingegen § 263 StGB eine solche täuschende Handlung und damit die Erregung einer Fehlvorstellung beim Gegenüber voraussetzt.

3 BGH, Beschluss vom 8. Januar 2009 – 4 StR 117/08.

4 OLG Köln, Beschluss vom 2. September 2015 – ! RVs 118/15.

1.3.7 Fragen zu den Sexualdelikten

Was versteht man unter dem Begriff Belästigung im Sinne des § 183 StGB (Exhibitionistische Handlungen)?

Erforderlich ist eine negative Gefühlserregung beim Opfer.

Zum Beispiel durch:

- Ekel
- Schock
- Schrecken

Es reicht aus, wenn sich einer von mehreren Beobachtern belästigt fühlt.

Verwunderung, Belustigung, Interesse erfüllen den Tatbestand <u>nicht</u>.

Die exhibitionistische Handlung selber meint jede Entblößungshandlung des männlichen Gliedes mit sexueller Motivation (Lustgewinn).

Handlungen, denen eine primär sexuelle Tendenz fehlt, z. B. Provokation, fallen nicht unter den Tatbestand.

Für welche Sexualdelikte (§§ 177 ff. StGB) hat die BPOL eine eigene Strafverfolgungszuständigkeit nach § 12 I BPolG?

Insbesondere für die Delikte

- § 177 I StGB – Sexueller Übergriff (Grundtatbestand → **Vergehen**),
- § 184 i StGB – Sexuelle Belästigung (**Vergehen**),
- § 184 j StGB – Straftaten aus Gruppen (**Vergehen**),
- § 183 StGB – Exhibitionistische Handlungen (**Vergehen**)

hat die BPOL eine eigene Strafverfolgungskompetenz, wenn diese Vergehen auf dem Gebiet der Bahnanlagen der Eisenbahnen des Bundes passieren, s. § 12 I Nr. 5 StGB.

1.3.8 Fragen zu den Rechtspflegedelikten

Was versteht man unter dem Begriff falsches Verdächtigen gemäß § 164 StGB (Falsche Verdächtigung)?
Hervorrufen, Verstärken oder Umlenken eines Verdachts durch das Behaupten (oder Sprechen lassen) von Tatsachen, die im konkreten Fall geeignet sind, einen in Wahrheit Unschuldigen der Gefahr behördlichen Einschreitens auszusetzen.

Wer ist die andere Person im Sinne des § 164 StGB?
Dies ist eine lebende, hinreichend individualisierte Person.
Anzeigen gegen Unbekannt sind nicht erfasst im Gegenzug zu § 145d StGB (Vortäuschen einer Straftat).

Wie erfolgt die Irreführung der Strafverfolgungsorgane bei § 145d StGB (Vortäuschen einer Straftat)?

Die Irreführung erfolgt durch

Deliktsvortäuschung Absatz 1	**Beteiligungstäuschung** Absatz 2
Behauptung einer **Straftat**, die objektiv nicht begangen wurde (bzw. nicht bevorsteht)	**Täuschung** über die Person eines **Tatbeteiligten** (einer tatsächlich begangenen/ bevorstehenden Straftat)
Mit anderen Worten: Das Delikt hat niemals stattgefunden.	Mit anderen Worten: Das Delikt hat stattgefunden.

1.4 Ordnungswidrigkeiten

Wann ist das BNichtrSchG für die Bundespolizei im Bahnhof anwendbar?
Das Rauchverbot ist in allen Bahnhofsgebäuden und deren Einrichtungen gültig. Auf ein etwaiges Miet- oder Pachtverhältnis kommt es hierbei nicht an. Das Bahnhofsgebäude definiert sich nach seinen seitlichen Wänden und der nach oben abschließenden Überdachung. Wenn die Bahnsteige ebenfalls durchgehend überdacht sind, so ist das BNichtrSchG auch auf den Bahnsteigen anwendbar.

Wann kann das BNichtrSchG nicht angewendet werden?
Befinden sich die Bahnsteige außerhalb des Bahnhofsgebäudes (z. B. an Haltepunkten) ist das BNichtrSchG nicht anwendbar, da hier oftmals eine separate Überdachung vorhanden ist und somit keine durchgängige Überdachung vorliegt.

Wie kann man die sachliche Zuständigkeit zur Verfolgung und Ahndung von Ordnungswidrigkeiten i. S. d. § 5 I BNichtrSchG darstellen? Nennen Sie nur die relevante §§-Kette.
§§ 1 Abs. 2, 13 Abs. 1 BPolG i. V. m. §§ 53, 56 Abs. 1 OWiG.

Was versteht man unter dem Opportunitätsprinzip?
Das Opportunitätsprinzip im Bereich der Gefahrenabwehr besagt, dass die Behörde (BPOL) ihre Maßnahmen nach pflichtgemäßem Ermessen trifft, § 16 BPolG. Es stellt sich also die Frage, ob (sog. Entschließungsermessen) und gegen wen (sog. Auswahlermessen/ Adressatenregelung) vorgegangen werden soll.
Man kann den Ermessensspielraum u. a. an den Wörtern „kann“, „darf“, „ist befugt“ erkennen.

Wie kann man den Unterschied zwischen Straftat und Ordnungswidrigkeit darstellen?

Straftat	Ordnungswidrigkeit
• Bestrafung • Staatsanwaltschaft • Strafverfahren • Eintragung in Strafregister • Führungszeugnis – Täter gilt als vorbestraft • Legalitätsprinzip §§ 161, 163 StPO • Androhung von Freiheits- und Geldstrafe	• Ahndung • Verwaltungs- bzw. Bußgeldbehörde • Kein Eintrag in das Strafregister – Betroffener gilt nicht als vorbestraft • Opportunitätsprinzip § 53 I OWiG • Androhung von Geldbuße

Unterschied Straftat und Ordnungswidrigkeit

Erläutern Sie den Ablauf des Bußgeldverfahrens![5]

Vorverfahren	• Verdacht einer Ordnungswidrigkeit • Verwaltungsbehörde ermittelt den Sachverhalt (§ 35) und hört Betroffenen an (§ 55) • Verdacht bestätigt sich; Verfolgungshindernisse bestehen nicht; Ahndung mit Geldbuße ist erforderlich (§ 47 I) • Verwaltungsbehörde erlässt Bußgeldbescheid (§§ 65 f.)
Zwischenverfahren	• Einspruch des Betroffenen (§ 67) • Verwaltungsbehörde prüft Form und Frist des Einspruchs (§ 69 I) sowie Aufrechterhaltung des Bußgeldbescheides (§ 69 II) • Verwaltungsbehörde übersendet Akten über Staatsanwaltschaft (StA) an Amtsgericht (§ 69 III S. 1) • StA prüft Form und Frist des Einspruchs sowie Erforderlichkeit der Ahndung. Sie legt Akten ggf. dem Richter beim Amtsgericht vor (§ 69 IV), der erneut Form und Frist des Einspruchs untersucht (§ 70 I)
Hauptverfahren	• Gericht entscheidet durch Urteil (§ 71) oder Beschluss (§ 72); mögliche Entscheidungen: Geldbuße (ggf. Nebenfolgen), Freispruch oder Einstellung

5 Modifizierte Übersicht entnommen aus: *Noak, OWiG leicht gemacht, Berlin, 2007.*

Rechtsmittel-verfahren	• Rechtsbeschwerde des Betroffenen (§ 79); ggf. nach Antrag auf Zulassung (§ 80); mögliche Entscheidungen des OLG: Verwerfung, Geldbuße (ggf. Nebenfolgen), Freispruch, Einstellung oder Zurückweisung
Vollstreckungs-verfahren	• Vollstreckung der Bußgeldentscheidung (§§ 89 ff.)

Ablauf des Bußgeldverfahrens nach OWiG

Wann verjähren Ordnungswidrigkeiten?

Die Verjährung ist abhängig von der Höhe des angedrohten Bußgeldes. Die Verjährungsfrist beträgt zwischen sechs Monaten und drei Jahren (s. § 31 II OWiG).

Geldbuße > 15.000 € = 3 Jahre
Geldbuße > 2.500 € = 2 Jahre
Geldbuße > 1.000 € = 1 Jahr
Geldbuße bis 1.000 € = 6 Monate

Die Verfolgung von Verkehrs-Ordnungswidrigkeiten verjährt bereits nach drei Monaten (§ 26 III StVG i. V. m. § 31 II, III OWiG).

Was passiert, wenn eine Straftat und eine Ordnungswidrigkeit zusammentreffen?

Ist eine Handlung sowohl Straftat als auch Ordnungswidrigkeit, gilt § 21 I OWiG: Die Ahndung nach dem Strafgesetz **verdrängt** diejenige nach den Ordnungswidrigkeiten-Vorschriften. Das gilt auch dann, wenn die Straftat nur versucht wurde, sofern der Versuch im Einzelfall strafbar ist.

Beispiele:

- So verdrängt die Strafbarkeit nach § 316 StGB (Trunkenheit im Straßenverkehr) die Ahndung aus § 24a StVG (Fahren unter Alkoholeinwirkung).
- A wirft eine Flasche aus dem Zug und verletzt dadurch den B. Die Straftat gem. § 224 I Nr. 2 StGB, ggf. § 229 StGB verdrängt die Ordnungswidrigkeit gem. § 64b II Nr. 4 EBO.

Was versteht man unter dem Begriff Erforschen?

Darunter fallen alle unaufschiebbaren Maßnahmen des ersten Angriffs (Feststellung, Dokumentation, Weitergabe der Sache an die zuständige Behörde).

Was versteht man unter dem Begriff Verfolgen?

Darunter versteht man weiterführende (also über den ersten Angriff hinausgehende) Maßnahmen (z. B. die Anhörung des Betroffenen, von Zeugen und Sachverständigen).

Was versteht man unter dem Begriff Ahndung?

Dies umfasst die Entscheidung über die Sanktion, also die Entscheidung über den Erlass eines Bußgeldbescheides und die Höhe des Bußgeldes.

Was ist in § 111 OWiG geregelt?

> **§ 111 I OWiG**
>
> (1) Ordnungswidrig handelt, wer einer zuständigen Behörde, einem zuständigen Amtsträger oder einem zuständigen Soldaten der Bundeswehr über seinen Vor-, Familien- oder Geburtsnamen, den Ort oder Tag seiner Geburt, seinen Familienstand, seinen Beruf, seinen Wohnort, seine Wohnung oder seine Staatsangehörigkeit eine unrichtige Angabe macht oder die Angabe verweigert.

Geschütztes Rechtsgut ist das staatliche Interesse an der Feststellung der Identität und weiterer Daten über die persönlichen Verhältnisse einer Person, um staatliche Aufgaben ordnungsgemäß durchführen zu können.

Die Verweigerung kann bestehen

- in einem **aktiven Tun** (z. B. Erklärung, keine Angaben machen zu wollen; sich entfernen; Angriff gegen zuständigen PVB) oder
- in einem **Unterlassen.**

Teilprobleme liegen bei den Merkmalen Familienstand und Beruf:

→ Familienstand: Nicht in jedem Fall ist ein Betroffener verpflichtet, einem PVB seinen Familienstand anzugeben. Das Bayerische Oberste Landesgericht hat dazu entschieden:

„Die Verweigerung der Angabe des Familienstandes gegenüber dem eine Verkehrsordnungswidrigkeit aufnehmenden Polizeibeamten ist jedenfalls dann nicht rechtswidrig, wenn es sich um eine geringfügige Ordnungswidrigkeit gehandelt hat.“[6]

Bei der Erforschung und Verfolgung von nicht geringfügigen Ordnungswidrigkeiten wird sich die Angabe des Familienstandes oft nicht als erforderlich erweisen.

Bei der Erforschung und Verfolgung von Straftaten hingegen ist der Familienstand für das Strafverfahren grundsätzlich von Bedeutung. Gemäß § 40 II S. 2 StGB bestimmt das Gericht die Höhe eines Tagessatzes unter Berücksichtigung der persönlichen und wirtschaftlichen Verhältnisse des Täters.

→ Beruf: Nicht in jedem Fall ist der Betroffene verpflichtet, einem PVB seinen Beruf anzugeben. Das OLG Celle hat dazu entschieden:

„Derjenige, gegen den zureichende tatsächliche Anhaltspunkte dafür bestehen, daß er allein eine Verkehrsordnungswidrigkeit (nach StVG § 24) begangen hat, ist jedenfalls dann nicht verpflichtet, seinen Beruf gegenüber den eine Verkehrsordnungswidrigkeitsanzeige aufnehmenden Polizeibeamten anzugeben, wenn diese Angabe zur weiteren Identitätsfeststellung nicht notwendig ist. Demgemäß ist der Beamte nicht berechtigt, in diesem Falle den Beruf des Betroffenen zu erfragen.“[7]

Als Begründung wird angeführt, dass die Berufsangabe weder in der Anzeige wegen einer Verkehrs-Ordnungswidrigkeit noch im Anhörungsbogen vorgesehen ist. Ebenso ist bei der Anwen-

6 Leitsatz: Bayerisches Oberstes Landesgericht, Beschl. v. 14.12.1979 – 1 Ob OWi 558/79 -, juris.

7 Orientierungssatz: OLG Celle, Beschl. v. 14.06.1977 – 2 Ss (OWi) 128/77 -, juris.

dung des Bußgeldkatalogs die Berufsangabe für die Zumessung der Geldbuße i. d. R. nicht gefragt.

Was ist in § 113 OWiG geregelt?

> **§ 113 I OWiG**
>
> (1) Ordnungswidrig handelt, wer sich einer öffentlichen Ansammlung anschließt oder sich nicht aus ihr entfernt, obwohl ein Träger von Hoheitsbefugnissen die Menge dreimal rechtmäßig aufgefordert hat, auseinanderzugehen.

Geschütztes Rechtsgut ist die öffentliche Sicherheit und Ordnung vor Gefährdungen, die durch Ansammlungen jeglicher Art (unfriedlich, friedlich) entstehen können.

Denkbare Beispiele sind:

- Nach einem größeren Bahnbetriebsunfall sammeln sich mehrere *Gaffer* rund um den Ereignisort.
- Nach einer Massenschlägerei am Bahnhof behindern Schaulustige den Einsatz der Rettungskräfte.

Eine Ansammlung ist eine Personenmehrheit, bei der es nicht mehr auf das Hinzukommen oder Entfernen einzelner Personen ankommt. Die dreimalige rechtmäßige Aufforderung kann sich für PVB der BPOL auf § 38 BPolG stützen.

Für welche Ordnungswidrigkeiten hat die BPOL auch eine Ahndungskompetenz?

Gemäß § 13 II BPolG ist die BPOL auch Verwaltungsbehörde für Ordnungswidrigkeiten gem. §§ 111 (falsche Namensangabe) und 113 (unerlaubte Ansammlung) OWiG. Zusätzlich dazu kann die BPOL eine Ahndungskompetenz für Ordnungswidrigkeiten haben, die sich in Spezialgesetzen befinden, so z. B. für Ordnungswidrigkeiten nach § 64b EBO. In § 64b EBO findet sich diese Kompetenzzuweisung.

1.5 Unmittelbarer Zwang

Welche Zwangsmittel stehen der Verwaltungsbehörde nach dem VwVG zur Verfügung?
Gemäß § 9 VwVG gibt es:
- die Ersatzvornahme (§ 10 VwVG),
- das Zwangsgeld (§ 11 VwVG),
- sowie den unmittelbaren Zwang (§ 12 VwVG).

Wozu dienen Zwangsmaßnahmen?
Zwangsmaßnahmen haben das Ziel, den Willen des Betroffenen zu beugen oder zu brechen (sog. Beugefunktion). Zwang selbst ist keine Strafe.

Sinn und Zweck von Zwangsmaßnahmen

Wann ist ein Verwaltungsakt vollstreckungsfähig?
Ein VA ist vollstreckungsfähig, wenn er unanfechtbar ist, oder sein sofortiger Vollzug angeordnet ist oder dem Rechtsmittel keine aufschiebende Wirkung beigelegt ist.

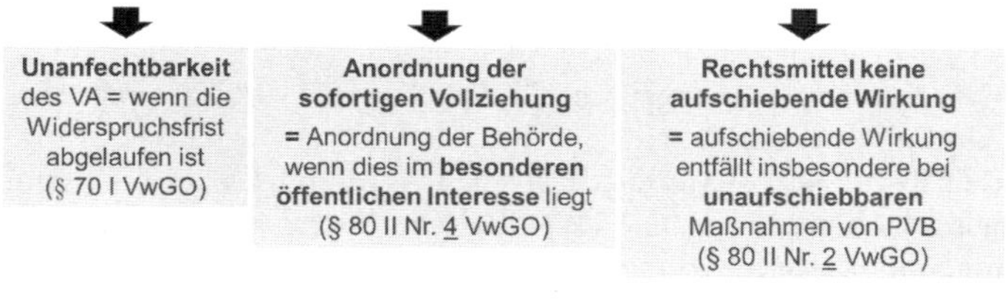

Vollstreckungsfähigkeit

Welche Zwangsmittel stehen der Verwaltungsbehörde nach dem VwVG zur Verfügung?
Gemäß § 9 VwVG gibt es:
- die Ersatzvornahme (§ 10 VwVG),

- das Zwangsgeld (§ 11 VwVG),
- sowie den unmittelbaren Zwang (§ 12 VwVG).

Welche zwei Erklärungsansätze für die Zulässigkeit des repressiven Zwanges gibt es?

1. Erklärungsansatz:
Die StPO ist ein sog. vorkonstitutionelles Gesetz (Inkrafttreten 1. Oktober 1879). Man ging damals von folgendem Rechtsgrundsatz aus:

Die gesetzliche Befugnis umfasst grundsätzlich auch das Recht, die jeweilige Maßnahme notfalls zwangsweise durchzusetzen. Demzufolge darf grundsätzlich jede repressive Befugnis der StPO notfalls auch mit Zwang durchgesetzt werden.

2. Erklärungsansatz:
In der StPO finden sich nur wenige Stellen, an denen das Wort „Zwang" auftaucht. Eine davon ist § 81c VI StPO (körperliche Untersuchung von Zeugen). Demnach darf unmittelbarer Zwang nur auf besondere Anordnung des Richters angewandt werden. Die körperliche Untersuchung des Zeugen (z. B. Vergewaltigungsopfer) ist ein äußerst intensiver Eingriff in die Grundrechte der Person. Zudem handelt es sich um einen Zeugen bzw. den Geschädigten. Im Umkehrschluss dazu ist die Anwendung von Zwang bei weniger intensiven StPO-Maßnahmen auch möglich, selbst wenn die StPO dazu selber nichts aussagt.

Wie definiert man den Begriff des unmittelbaren Zwangs?
Unmittelbarer Zwang ist die Einwirkung auf Personen oder Sachen durch körperliche Gewalt, ihre Hilfsmittel und durch Waffen (§ 2 I UZwG).

Wie definiert man körperliche Gewalt?
Körperliche Gewalt ist jede unmittelbare körperliche Einwirkung auf Personen oder Sachen (§ 2 II UZwG).

> **Beispiele:**
>
> - Festhalten am Arm
> - Wegschieben oder Wegtragen einer Person
> - Einschlagen einer Fensterscheibe
> - Aufstoßen einer Tür

Was sind Hilfsmittel der körperlichen Gewalt?
Hilfsmittel der körperlichen Gewalt sind insbesondere Fesseln, Wasserwerfer, technische Sperren, Diensthunde[8], Dienstpferde[9] und Dienstfahrzeuge (§ 2 III UZwG).
[Technische Sperren, s. UZwVwV-BMI, Abschnitt IV, Absatz 3]
Zum Absperren … ist die Verwendung dafür geeigneter Mittel, z. B. von Seilen, Draht, Stacheldraht, Spanischen Reitern, Dienstfahrzeugen, Nagelböden- oder Nagelbändern zulässig.

Was sind Waffen i. S. d. UZwG?
Waffen sind die dienstlich zugelassenen Hieb-[10] und Schusswaffen[11], Reizstoffe und Explosivmittel (§ 2 IV UZwG).

Was versteht man unter dem Gewahrsam i. S. d. § 8 UZwG (Fesselung)?
Unter Gewahrsam i. S. d. § 8 UZwG versteht man jede Freiheitsentziehung auf rechtlicher Grundlage, UZwVwV-BMI, Abschnitt 5.

Welche Fesselungsgründe i. S. des § 8 UZwG gibt es?
- Angriffsgefahr
- Widerstand
- Fluchtversuch
- Fluchtverdacht
- Selbstmordgefahr

---

8 Die BPol setzt 460 Diensthunde ein. Man unterscheidet zwischen Schutzhunden und Sprengstoff-Spürhunden, die u. a. an Flughäfen oder Bahnhöfen zum Einsatz kommen. https://www.bundespolizei.de/Web/DE/05Die-Bundespolizei/07Daten-Fakten/Daten-Fakten_node.html (zuletzt abgerufen am 27. Januar 2021).

9 Die Reiterstaffel der BPOL ist in Stahnsdorf (Land Brandenburg) stationiert. Sie verfügt über 21 Pferde. Quelle: https://www.bundespolizei.de/Web/DE/05Die-Bundespolizei/07Daten-Fakten/Daten-Fakten_node.html (zuletzt abgerufen am 27. Januar 2021).

10 z. B. Einsatzstock, Mehrzweckeinsatzstock.

11 z. B. Pistole, Maschinenpistole.

Benennen Sie vier Formvorschriften für die Fesselung! In welcher Vorschrift sind diese enthalten?

Die Formvorschriften für die Fesselung ergeben sich aus der UZwVwV-BMI.

- **Grundsatz:** nur mit den zugewiesenen Fesseln, *Ausnahme*: sonst. geeignete Fesselungsmittel oder z. B. Hosenträger, Schnürsenkel
- mehrere Personen **sollen nicht** zusammengeschlossen werden
- Personen verschiedenen Geschlechts **sollen nicht** zusammengeschlossen werden
- bei strenger Kälte darauf achten, Hände des Gefesselten zu schützen

Wie lautet die Merkregel für den Schusswaffengebrauch?

Der Schusswaffengebrauch ist zur Verhinderung/Verfolgung von

- Verbrechen grundsätzlich zulässig.
- bei Vergehen **nur dann**, wenn eine Schusswaffe oder Sprengstoff mitgeführt oder angewendet wird.

2. Grenzpolizeiliche Aufgabenwahrnehmung

In diesem Abschnitt werden Fragen zur grenzpolizeilichen Aufgabenwahrnehmung behandelt. Zudem werden auch Fragen aus dem Strafgesetzbuch zu relevanten Fragestellungen beantwortet.

In diesem Zusammenhang werden auch Fragen zum Waffen- und Betäubungsmittelrecht betrachtet.

2.1 Allgemeine Fragen

Was ist die Funktion der Grenze?
Die Grenze bzw. die Grenzlinie hat eine Absperr- bzw. Filterfunktion.

Welche Behörden sind auch noch an den Grenzen eingesetzt bzw. können dort eingesetzt werden?
Eingesetzt sind bzw. werden neben der BPOL auch der Zoll, die Landespolizei sowie die Bundeswehr.

Die Aufgabe Grenzschutz wird durch die Entwicklung der EU beeinflusst! Warum?
Zwischen den Schengen-Staaten finden keine Grenzkontrollen statt. Die Staatsgrenzen können an jeder Stelle überschritten werden. Die Aufgabe Grenzschutz wird mittlerweile nicht nur von Deutschland allein, sondern grenzübergreifend durchgeführt (GUA, FRONTEX, Polizeiverträge, gemeinsame Streifen etc.).

SCAN ME

Lernvideo zur **Unterscheidung Binnengrenze/Außengrenze**

Für den Inhalt der durch QR-Codes verlinkten Seiten/Videos ist ausschließlich der Autor verantwortlich.

Wer ist Ausländer im Sinne des AufenthG?

Ausländer ist jede bzw. jeder, die/der nicht Deutsche(r) i. S. d. Art. 116 I GG ist (§ 2 I AufenthG).

Wer ist EU-Bürger?

EU-Bürger ist jeder, der die Staatsangehörigkeit eines Mitgliedstaates der Europäischen Union (EU) besitzt.

Zu beachten ist hier insbesondere das Freizügigkeitsgesetz/EU, welches auf EU-Bürger anwendbar ist. Dies ist ein nationales (deutsches) Gesetz.

Wer ist EWR-Bürger?

EWR-Bürger ist jeder, der die Staatsangehörigkeit von Norwegen, Island oder Liechtenstein besitzt. Merkbegriff: **NIL-Staaten**!

Gemäß § 12 Freizügigkeitsgesetz/EU – abgekürzt FreizügG/EU – gilt das FreizügG/EU auch für Staatsangehörige der EWR-Staaten und ihre Familienangehörigen.

In diesem Zusammenhang müssen auch die Schweizer genannt werden. Diese fallen nicht unter das FreizügG/EU. Dieser Personenkreis hat aber Freizügigkeitsrechte gemäß dem Freizügigkeitsabkommen Schweiz/EU.

Wer ist Drittstaatsangehöriger?

Drittstaatsangehöriger ist jede Person, die weder Unions-/EWR-Bürger noch Staatsangehöriger der Schweiz ist und kein abgeleitetes Freizügigkeitsrecht in Anspruch nehmen kann. Die Definition findet sich in Art. 2 Nr. 6 des Schengener Grenzkodex (SGK).

Was versteht man unter dem primären, was unter dem sekundären Gemeinschaftsrecht?

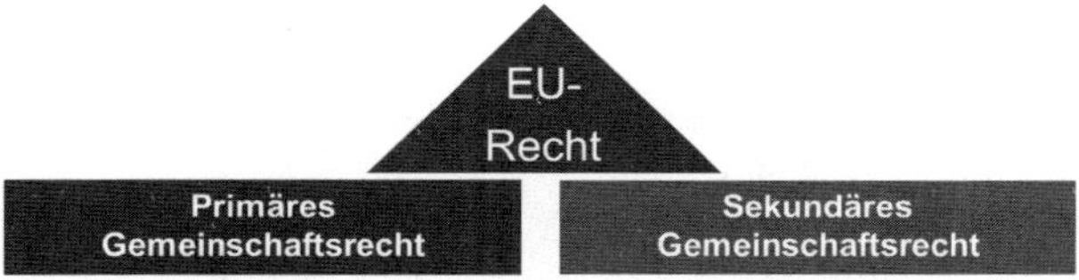

Umfasst die **Grundordnung der EU** (Regelung der Arbeitsweise und Zuständigkeiten)

- EU-Gründungverträge <u>und</u> Änderungsverträge
- **Beispiel: Vertrag über die Arbeitsweise der Europäischen Union** (**AEUV** oder **AEU-Vertrag**)

Abgeleitetes Recht
(verschiedene Rechtsakte)

1. **Verordnungen (gelten unmittelbar)**
2. Richtlinien (müssen erst in nationales Recht umgesetzt werden)
3. Beschlüsse (unmittelbar anzuwendende Einzelfallregelung),
4. Empfehlungen,
5. Stellungnahmen (beides sind unverbindliche Äußerungen)

Primäres und sekundäres Gemeinschaftsrecht

> **Merke:**
> Die Verordnungen der EU, z. B. die sog. EUVisaVO, gelten unmittelbar und müssen nicht in nationales Recht umgesetzt werden.

Was ist der Unterschied zwischen der Passbesitzpflicht und der Passmitführungspflicht?

Passbesitzpflicht	**Passmitführungspflicht**
Der Ausländer muss über einen gültigen, für ihn ausgestellten Pass verfügen (§ 3 I AufenthG).	Eine Mitführungspflicht besteht gem. § 13 I S. 2 AufenthG nur für den Grenzübertritt.
Kann er diesen Pass nicht entsprechend beibringen ... • **bei Vorsatz:** Straftatverdacht gem. § 95 I Nr. 1 bzw. Nr. 3 AufenthG • **bei Fahrlässigkeit:** Verdacht einer Ordnungswidrigkeit gem. § 98 I AufenthG	Bei Vorsatz/Fahrlässigkeit: • Verdacht einer Ordnungswidrigkeit gem. § 98 III Nr. 3 AufenthG → Dies gilt auch beim Überschreiten der Binnengrenzen.

Welche Aufenthaltstitel kennen Sie?

Gemäß § 4 I S. 2 AufenthG werden die Aufenthaltstitel erteilt als

- Visum im Sinne des § 6 I Nr. 1 und III (AufenthG),
- Aufenthaltserlaubnis (§ 7 AufenthG),
- Blaue Karte EU (§ 18b II AufenthG)
- ICT-Karte (§ 19 AufenthG),
- Mobile ICT-Karte (§ 19b AufenthG),
- Niederlassungserlaubnis (§ 9 AufenthG),
- Erlaubnis zum Daueraufenthalt – EU (§ 9a AufenthG).

Welche Visa-Arten kennen Sie?

Visum der Kategorie **A**	Dieses Visum berechtigt **nicht zur Einreise**, sondern nur zur **Durchreise durch die internationalen Transitzonen** eines oder mehrerer Flughäfen der Mitgliedstaaten während einer Zwischenlandung (s. auch § 6 I Nr. 2 AufenthG).
Visum der Kategorie **C** (**Schengen-Visum**)	Dieses Visum wird nach den Bestimmungen des Visakodex erteilt. Es gilt für **kurzfristige Aufenthalte im Schengen-Gebiet von max. 90 Tagen je Zeitraum von 180 Tagen**. Es spielt dabei keine Rolle, von welchem Schengen-Staat dies erteilt wurde (s. auch § 6 I Nr. 1 AufenthG)
Visum der Kategorie **C-Transit** (**Schengen-Visum**)	Dieses Visum wird für Zwecke der Durchreise durch das Schengen-Gebiet erteilt. Die zulässige Aufenthaltsdauer entspricht der geplanten Dauer der Durchreise (s. auch § 6 I Nr. 2 AufenthG).
Visum der Kategorie **D** (**nationales Visum**)	Dieses Visum wird für längerfristig geplante Aufenthalte (länger als 90 Tage) erteilt. Es berechtigt, sich nach rechtmäßiger Einreise frei im Hoheitsgebiet aller Schengen-Staaten zu bewegen, soweit die Voraussetzungen des Art. 6 I SGK vorliegen (s. auch Art. 19 I SDÜ).

Was ist eine Grenzübertrittsbescheinigung?

Für die Grenzübertrittsbescheinigung (GÜB) gibt es im AufenthG keine entsprechende Rechtsgrundlage. Die GÜB ist kein Aufenthaltstitel. Mithilfe der GÜB werden Drittstaatsangehörige – unter Bestimmung einer Frist – zur Ausreise aufgefordert. Bei erfolgter Ausreise wird die GÜB bei der zuständigen Grenzpolizei abgegeben.

Was ist eine Fiktionsbescheinigung?

Unterscheide zwischen:

Fiktionsbescheinigung gem. § 81 IV AufenthG	Fiktionsbescheinigung gem. § 81 III AufenthG

Die Fiktionsbescheinigung gem. § 81 IV AufenthG ist eine Bescheinigung, die einem Ausländer ausgestellt wird, wenn dieser die Verlängerung seines Aufenthaltstitels oder die Erteilung eines anderen Aufenthaltstitels beantragt hat. Ausgenommen sind in diesem Zusammenhang Visa nach § 6 I AufenthG.

Die Fiktionsbescheinigung gem. § 81 III AufenthG ist eine Bescheinigung, die einem Ausländer ausgestellt wird, wenn sich dieser ohne Aufenthaltstitel rechtmäßig in Deutschland aufhält und einen Aufenthaltstitel beantragt. Diese Fiktionsbescheinigung berechtigt nicht zur Einreise nach Deutschland und in andere Schengen-Mitgliedsstaaten.

Wird der Antrag nach Ablauf der erlaubnisfreien Aufenthaltstage gestellt, entfaltet der Antrag lediglich eine Aussetzung der Abschiebung.

Nennen Sie deklaratorische Aufenthaltstitel mit der dazugehörigen Rechtsgrundlage!

- Aufenthaltskarte für Familienangehörige von Unionsbürgern (§ 5 FreizügG/EU)
- Daueraufenthaltskarte (§ 5 VI FreizügG/EU)
- Aufenthaltserlaubnis für Schweizer und ihre Familienangehörigen (§ 28 AufenthV)
- Bescheinigung über die Aufenthaltsgestattung für Asylbewerber (§ 63 I AsylVfG)
- Aufenthaltserlaubnis für assoziationsrechtlich begünstigte türkische Staatsangehörige gem. § 4 V AufenthG

Welche Freizügigkeitsarten gibt es?

- Allgemeine Freizügigkeit
  Das Recht auf allgemeine Freizügigkeit ist das Recht, sich auf dem Hoheitsgebiet der Mitgliedsstaaten der Europäischen Union frei zu bewegen.
- Arbeitnehmerfreizügigkeit
  Die sog. Arbeitnehmerfreizügigkeit beinhaltet das Recht, sich auf den Gebieten der Mitgliedsstaaten der Europäischen Union als Arbeitnehmer oder zur Berufsausbildung oder Arbeitssuche aufhalten zu dürfen.
- Niederlassungsfreizügigkeit
  Die Niederlassungsfreizügigkeit beschreibt das Recht, in den Mitgliedsstaaten der Europäischen Union Unternehmen zu gründen und zu leiten sowie eine Erwerbstätigkeit aufzunehmen und auszuüben.
- Dienstleistungsfreizügigkeit
  Das Recht auf Dienstleistungsfreizügigkeit beinhaltet, dass man auf dem Gebiet der Mitgliedsstaaten der Europäischen Union entweder selbst Dienstleistungen erbringen darf oder diese empfangen kann.

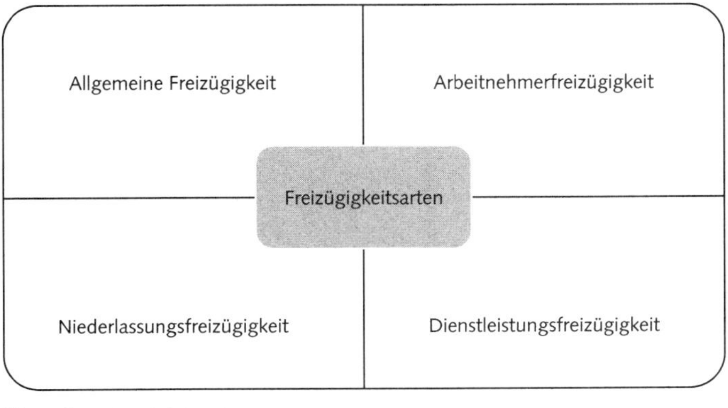

Übersicht Freizügigkeitsarten

Welche Regelungen trifft das FreizügG/EU?
Durch das FreizügG/EU wird die Einreise und der Aufenthalt von Staatsangehörigen anderer Mitgliedstaaten der Europäischen Union (der sog. Unionsbürger) und deren Familienangehörigen geregelt (vgl. § 1 FreizügG/EU).

Wer ist Familienangehöriger im Sinne des Freizügigkeitsrechts?
- Ehegatte/Lebenspartner oder Verwandter in absteigender Linie bis 21 Jahre (vgl. § 3 II Nr. 1 FreizügG/EU)
- Verwandter in absteigender Linie ab 21 Jahre oder in aufsteigender Linie, wenn Unterhalt gewährt wird (vgl. § 3 II Nr. 2 FreizügG/EU)

Erläutern Sie, auf welche Staatsangehörigen, außer den Unionsbürgern, das FreizügG/EU noch anwendbar ist.
Das FreizügG/EU ist auf die Staatsangehörigen von Norwegen, Island, Liechtenstein ebenfalls anwendbar (vgl. § 12 FreizügG/EU).

Woraus ergibt sich, dass auch Schweizer Staatsangehörige in Deutschland freizügig leben dürfen?
Dies ergibt sich aus dem Freizügigkeitsabkommen, welches die Europäische Gemeinschaft mit der Schweizer Eidgenossenschaft am 21.06.1999 geschlossen hat.

Erläutern Sie, was unter einer Urkunde zu verstehen ist.
Eine Urkunde ist eine **verkörperte Gedankenerklärung**, die geeignet und bestimmt ist, im Rechtsverkehr **Beweis zu erbringen** und ihren **Aussteller erkennen** lässt.

Welche Funktionen bzw. welche Bedeutung hat ein Pass?
Ein Pass
- dient der Feststellung der Identität und insbesondere der Staatsangehörigkeit,
- stellt ein völkerrechtlich verbindliches Rückübernahmeversprechen gegenüber anderen Staaten dar,
- ist ein Rückübernahmeversprechen des Ausstellerstaates gegenüber dem Passinhaber.

Nennen Sie die Befreiungen von der Aufenthaltstitelpflicht nach der AufenthV.

Die wichtigsten Regelungen sind §§ 16, 17, 18, 19 AufenthV für den Kurzaufenthalt und § 41 AufenthV für den langfristigen Aufenthalt.

Befreiung von der AT[12]-Pflicht durch die AufenthV

Relevant für den Kurzaufenthalt	Relevant für langfristigen Aufenthalt
§§ 16 bis 19 AufenthV **§ 16** – Vorrang älterer Sichtvermerksabkommen **§ 17** – Visapflicht bei Aufnahme einer Erwerbstätigkeit **§ 18** – AT-Befreiung für Inhaber von Reiseausweisen für Flüchtlinge und Staatenlose **§ 19** – AT-Befreiung für Inhaber dienstlicher Pässe	§ 41 AufenthV

Erläutern Sie den Vorrang älterer Sichtvermerksabkommen gemäß Art. 16 AufenthV.

Der Begriff Sichtvermerk steht gleich mit dem Visum sowohl für den kurzfristigen als auch für den langfristigen Aufenthalt in Deutschland.

§ 16 AufenthV beinhaltet den Satz:

> Inhaber der in der Anlage A zu dieser Verordnung genannten Dokumente sind für die Einreise und den Aufenthalt im Bundesgebiet, auch bei Überschreitung der zeitlichen Grenze eines Kurzaufenthaltes, vom Erfordernis eines Aufenthaltstitels befreit, soweit …

Wichtig ist zu verstehen, dass es hier um den Kurzaufenthalt gem. § 1 II AufenthV geht, also das Überschreiten eines Kurzaufenthaltes, 90 Tage innerhalb von 180 Tagen, im Schengen-Gebiet.

12 = Aufenthaltstitel.

Die Dauer des sichtvermerksfreien Aufenthaltes richtet sich dann, vor Inkrafttreten der EUVisaVO, nach dem geschlossenen Sichtvermerksabkommen mit den jeweiligen Staaten. Hierunter fallen u. a.

- Japan,
- Korea,
- Panama,
- und Brasilien.

Demnach können sich also Personen, die Inhaber der in Anlage A dieser Verordnung genannten Dokumente sind, max. 90 Tage im Schengen-Raum aufhalten und weitere max. 90 Tage visumsfrei in Deutschland.

MERKSÄTZE zu § 16 AufenthV:

- Voraufenthaltszeiten in Deutschland und in anderen Schengen-Staaten werden auf die Aufenthaltsdauer nicht angerechnet,
- Das bedeutet, mit jeder Einreise über die Bundesgrenze dürfen sich diese Personen 90 Tage visafrei gem. Sichtvermerksabkommen in Deutschland aufhalten,
- In den anderen Schengen-Staaten wird der Aufenthalt in Deutschland jedoch angerechnet.

Erläutern Sie die Begünstigung für Angehörige bestimmter Staaten nach § 41 AufenthV!

Hier geht es um die Angehörigen der Staaten von

- Australien,
- Israel,
- Japan,
- Kanada,
- der Republik Korea,
- Neuseeland,
- der Vereinigten Staaten von Amerika,
- Vereinigtes Königreich Großbritannien und Nordirland[13] (Staaten genannt in § **41 I** AufenthV),

---

13 Zweite Verordnung zur Änderung der Beschäftigungsverordnung und der Aufenthaltsverordnung vom 18. Dezember 2020.

- Andorra,
- Brasilien,
- El Salvador,
- Honduras,
- Monaco
- und San Marino

 (Staaten genannt in § **41 II** AufenthV).

Für all diese Staatsangehörige gilt, dass sie **auch visumsfrei** nach Deutschland einreisen dürfen, obwohl sie einen **langfristigen Aufenthalt planen**. Jedoch wird von diesen Staatsangehörigen gefordert, dass sie sich innerhalb von 90 Tagen nach der Einreise einen erforderlichen Aufenthaltstitel einholen (§ 41 III AufenthV).

Staatsangehörige von Australien, Israel, Japan, Kanada, der Republik Korea, Neuseeland und der Vereinigten Staaten von Amerika (Staaten gem. § 41 I AufenthV) dürfen **auch dann** visumsfrei einreisen, wenn sie in ihrer Planung eine **Erwerbstätigkeit** aufnehmen wollen. Dies wird dann auf dem einzuholenden Aufenthaltstitel vermerkt. Die Aufnahme der Erwerbstätigkeit darf aber erst erfolgen, wenn diese von der ausstellenden Behörde genehmigt wurde.

Die Staatsangehörigen von Andorra, Brasilien, El Salvador, Honduras, Monaco und San Marino müssen demnach, wenn sie eine **Erwerbstätigkeit** aufnehmen wollen, bereits vor der Einreise einen Aufenthaltstitel beantragen, welcher eine ausdrückliche Genehmigung hierfür enthält.

In der Regel wird diesen Staatsangehörigen ein Visum für den langfristigen Aufenthalt nach § 6 AufenthG erteilt oder eine Aufenthaltserlaubnis nach § 7 AufenthG.

Zusammenfassende Übersicht zu § 41 AufenthV

Geplanter, langfristiger Aufenthalt (mehr als 90 Tage)	
§ 41 I – Staat, z. B. Japan	§ 41 I – Staat, z. B. Brasilien
Ggf. auch mit Absicht einer Erwerbstätigkeit	**Ohne** Absicht einer Erwerbstätigkeit
Bis zu 90 Tage visafrei	
Ab dem 91. Tag **visumpflichtig**	

2.2 Ausländerrechtliche Fragestellungen an der Schengen-Binnengrenze

Aus welchem Anlass kann eine Kontrolle nach Art. 8 I SGK auch an einer Schengen-Binnengrenze erfolgen?
An einer Schengen-Binnengrenze können vorübergehend Grenzkontrollen gem. Art. 25 ff. SGK wiedereingeführt werden, dann können auch Kontrollen gem. Art. 8 I SGK an den Binnengrenzen erfolgen. Dann finden auch die Bestimmungen des Art. 32 SGK Anwendung.

Anlässe sind bspw. G-20-Gipfel, sportliche Großveranstaltungen, erhebliche Migrationsbewegungen oder Eindämmung einer Pandemie.

Was sind Binnengrenzen i. S. d. SGK?
Nach Art. 2 Nr. 1 SGK sind Binnengrenzen die gemeinsamen Landgrenzen der Mitgliedstaaten, einschließlich der Fluss- und Binnenseegrenzen, die Flughäfen der Mitgliedstaaten für Binnenflüge, die See-, Flussschifffahrts- und Binnenseehäfen der Mitgliedstaaten für regelmäßige interne Fährverbindungen.

Welchen Zweck verfolgen sog. lagebildabhängige Befragungen nach § 22 Ia BPolG?
Der Zweck der Befragung ist die Verhinderung oder Unterbindung unerlaubter Einreise in das Bundesgebiet. Es wird keine konkrete Gefahr benötigt. Der Begriff der unerlaubten Einreise ergibt sich aus § 14 I AufenthG. Der § 22 Abs. 1a BPolG zielt auf einen **Erkenntnisgewinn** zur Bekämpfung des Phänomens der unerlaubten Einreise.

Unter welchen Voraussetzungen ist eine Einreise unerlaubt?
Die entsprechende Rechtsgrundlage ist § 14 I Nr. 1 bis 3 AufenthG. Die Einreise eines Ausländers ist unerlaubt, wenn er

- den erforderlichen Pass nicht besitzt,
- den erforderlichen Aufenthaltstitel nicht besitzt,
- das Visum erschlichen wurde oder
- wenn er aufgrund eines Einreiseverbotes nicht einreisen darf.

Wer ist Adressat einer Befragung nach § 22 Ia BPolG?
Adressat kann jede Person sein, die sich zum Zeitpunkt der Maßnahme in der betreffenden Einrichtung aufhält.

An welchen Einsatzorten kann die Befragung nach § 22 Ia BPolG stattfinden?
Zum einen in Zügen und auf dem Gebiet der Bahnanlagen der Eisenbahnen des Bundes, **soweit** aufgrund von **Lageerkenntnissen** oder grenzpolizeilicher Erfahrung anzunehmen ist, dass diese zur unerlaubten Einreise genutzt werden.

Zum anderen in einer dem Luftverkehr dienenden Anlage oder Einrichtung eines Verkehrsflughafens mit **grenzüberschreitendem Verkehr**.

Wann ist eine Person über die Schengen-Binnengrenze eingereist?
An einer Schengen-Außengrenze ist ein Ausländer eingereist, wenn er die Grenze überschritten hat (§ 13 II 3 AufenthG).

Auf welche Reiserechte kann sich ein Drittstaatsangehöriger stützen?

Art. 19 SDÜ **Reiserecht für Negativstaater**	**Art.20 SDÜ** **Reiserecht für Positivstaater**	**Art. 21 SDÜ** **Reiserecht für AT-Inhaber[14] und D-Visa-Inhaber**
Adressat: Staatsangehörige im Anhang 1 der EUVisaVO als Inhaber eines einheitlichen Sichtvermerkes (Visum C oder C-Transit), also: • **Drittstaatsangehöriger** • **Sichtvermerkspflichtig** • **Inhaber eines einheitlichen Sichtvermerks (C-Visum oder C-Transit)**	Adressat: Staatsangehörige im Anhang 2 der EUVisaVO für einen beabsichtigten Kurzaufenthalt (max. 90 Tage innerhalb eines Zeitraumes von 180 Tagen), also: • **Drittstaatsangehöriger** • **Sichtvermerksfrei** • **Kurzaufenthalt im Schengen-Gebiet**	Adressat: Inhaber eines Aufenthaltstitels eines Schengen-Vollanwenderstaates oder Inhaber eines nationalen D-Visums (s. dazu Art. 18 SDÜ), also: • **Drittstaatsangehöriger** • **Inhaber eines Schengen-AT bzw. D-Visums** • **Kurzaufenthalt in den anderen Schengen-Staaten**

14 Auch vorläufige Aufenthaltstitel, s. Art. 21 II SDÜ.

Reiserecht bei Erfüllung der Voraussetzungen des Art. 6 I SGK – Buchstaben		
a) gültiges Reisedokument c) Nachweis des Aufenthaltszweckes und der erforderlichen finanziellen Mittel d) Keine Ausschreibung im SIS zur Einreiseverweigerung e) Keine Gefahr oder nationale Ausschreibung	a) gültiges Reisedokument c) Nachweis des Aufenthaltszweckes und der erforderlichen finanziellen Mittel d) Keine Ausschreibung im SIS zur Einreiseverweigerung e) Keine Gefahr oder nationale Ausschreibung	a) gültiges Reisedokument c) Nachweis des Aufenthaltszweckes und der erforderlichen finanziellen Mittel e) Keine Gefahr oder nationale Ausschreibung

2.3 Ausländerrechtliche Fragestellungen an der Schengen-Außengrenze

Was regelt der Schengener Grenzkodex?
Diese Verordnung der EU enthält u. a. Regelungen zum Kontrollstandard an den Außengrenzen, zu den Einreisevoraussetzungen sowie zum kontrollfreien Überschreiten der Außengrenzen.

Was sind Außengrenzen i. S. d. SGK?
Nach Art. 2 Nr. 2 SGK sind Außengrenzen die Landgrenzen der Mitgliedstaaten, einschließlich der Fluss- und Binnenseegrenzen, der Seegrenzen und der Flughäfen sowie der Flussschifffahrts-, See- und Binnenseehäfen, **soweit sie nicht Binnengrenze sind**.

Was regelt die EUVisaVO?
Diese Verordnung regelt u. a. die Visumpflicht und die Visumbefreiung für Kurzaufenthalte (Positiv- und Negativstaater). Kurzaufenthalt bedeutet: Höchstens 90 Tage je Zeitraum von 180 Tagen. Längerfristige Aufenthalte, also über 90 Tage, werden von der EU-VisaVO nicht erfasst.

Welche Artikel der EUVisaVO regeln die Visapflicht und die Visabefreiung?
Gemäß Art. 1 i. V. m. Art. 3 der EUVisaVO müssen die Staatsangehörigen der Drittländer, die in der Liste im Anhang 1 aufgeführt sind, beim Überschreiten der Außengrenzen der Mitgliedstaaten im Besitz eines Visums sein (sog. Negativstaater).

Gemäß Art. 1 i. V. m. Art. 4 der EUVisaVO sind die Staatsangehörigen der Drittländer, die in der Liste im Anhang 2 aufgeführt sind, beim Überschreiten der Außengrenzen der Mitgliedstaaten von der Visumpflicht befreit, sofern sie einen Aufenthalt von 90 Tagen je Zeitraum von 180 Tagen nicht überschreiten (sog. Positivstaater).

Welche generellen Befreiungen von der Visapflicht gibt es gemäß der EUVisaVO?

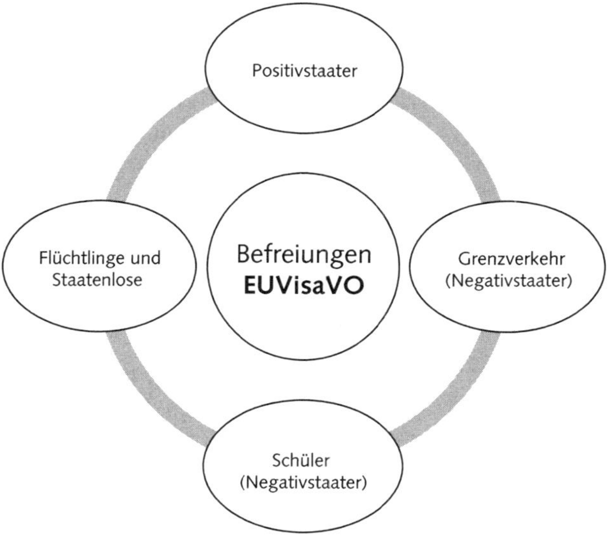

Möglicher Personenkreis für Befreiungen von der Visapflicht gem. EUVisaVO

Positivstaater (Art. 4 I EUVisaVO)	Zum einen die Befreiung für die Staatsangehörigen der in der Liste in Anhang 2 aufgeführten Drittländer.
Kleiner Grenzverkehr (Art. 4 II a EUVisaVO)	Sog. **Negativstaater**, die Inhaber einer von den Mitgliedstaaten ausgestellten Grenzübertrittsgenehmigung zum Zwecke des kleinen Grenzverkehrs sind. Wichtig ist hier, dass diese Personen auch das Recht zum kleinen Grenzverkehr wahrnehmen. Relevant an den Landaußengrenzen.
Schüler bei Schulreisen (Art. 4 II b EUVisaVO)	Schüler, die sog. **Negativstaater** sind, ihren Wohnsitz in einem Mitgliedstaat haben und als Mitglied einer Schülergruppe an einer Schulreise teilnehmen.

Personen mit Flüchtlingsstatus und Staatenlose (Art. 4 II c EUVisaVO)	Personen mit **Flüchtlingsstatus und Staatenlose** sowie andere Personen, die nicht die Staatsangehörigkeit eines Landes besitzen, mit Wohnsitz in einem Mitgliedstaat, die Inhaber eines von diesem Mitgliedstaat ausgestellten Reisedokumentes sind. **Beispiel:** Inhaber eines Latvijas Republikas nepilsona pase (Fremdenpass mit Daueraufenthaltsrecht[15], ausgestellt von Lettland)

Unter welchen Bedingungen entfällt die Befreiung von der Visapflicht gem. Art. 4 I EUVisaVO (Regelung für Positivstaater)?

Der Art. 6 III EUVisaVO sagt aus, dass die Mitgliedstaaten für Personen, die während ihres Aufenthaltes einer Erwerbstätigkeit nachgehen, Ausnahmen von der Befreiung der Visapflicht vorsehen können. Die nationale Rechtsgrundlage dafür ist der § 17 I AufenthV.

Welche weiteren Ausnahmen von der Visapflicht gibt es in der EUVisaVO?

Die Mitgliedstaaten können bei folgenden Personengruppen Ausnahmen von der Visumpflicht nach Artikel 3 (**sog. Negativstaater**) oder von der Befreiung von der Visumpflicht nach Artikel 4 **(sog. Positivstaater)** vorsehen:

Unter anderem möglich bei:

Art. 6 I a EUVisaVO: Inhaber von Diplomatenpässen, Dienst-/Amtspässen oder Sonderpässen

→ Deutschland: § 19 AufenthV i. V. m. der Anlage B zur AufenthV

→ BEISPIEL: Diplomatenpass Ghana

Art. 6 I b EUVisaVO: Ziviles Flug- und Schiffspersonal

→ Deutschland: §§ 23, 24 AufenthV

---

15 Dieser Pass wird Personen ausgestellt, die nicht die lettische Staatsbürgerschaft besitzen. Nach lettischem Recht berechtigt er zum Aufenthalt in Lettland und zur Wiedereinreise in das Land. Nicht-Staatsangehörige haben denselben Status wie Inhaber eines unbefristeten Aufenthaltstitels für Lettland. Der Inhaber eines Fremdenpasses benötigt keinen Aufenthaltstitel für den Aufenthalt in Lettland und für die Wiedereinreise in das Land.

Art. 6 I d EUVisaVO: Flug- und Begleitpersonal bei Rettungsflügen
→ Deutschland: § 29 AufenthV

Art. 6 I f EUVisaVO: Angehörige internationaler Organisationen, die von dieser Organisation einen Passierschein erhalten haben
→ Deutschland: § 20 AufenthV
→ BEISPIEL: Vereinte Nationen

Was regelt der EU-Visakodex?
Dieser enthält u. a. Regelungen über das Verfahren für die Erteilung und Annullierung von Schengen-Visa.

Wann ist eine Person über die Schengen-Außengrenze eingereist?
An einer Schengen-Außengrenze ist ein Ausländer eingereist, wenn er die Grenze überschritten hat **und** die Grenzübergangsstelle passiert hat (§ 13 II 1 AufenthG).

Erläutern Sie die Begriffe Mindestkontrolle und eingehende Kontrolle.
Beide Kontrollmodalitäten finden an der Schengen-Außengrenze statt.

MINDESTKONTROLLE

Diese richtet sich nach Art. 8 II SGK.
Die Zielgruppe sind Personen, die nach Unionsrecht Anspruch auf freien Personenverkehr haben, also Unionsbürger, EWR-Bürger, Schweizer.
Der Umfang der Kontrolle schreibt vor: Überprüfung der Gültigkeit des Dokumentes, Überprüfung hinsichtlich Fälschungs- und Verfälschungsmerkmalen, Feststellung der Identität, Mindestabfrage in den relevanten Fahndungssystemen.

EINGEHENDE KONTROLLE

Diese richtet sich nach Art. 8 III SGK.
Die Zielgruppe sind Drittstaatsangehörige.
Der Umfang baut auf den Elementen der Mindestkontrolle auf und wird erweitert um die Prüfung der Einreisevoraussetzungen gem. Art. 6 SGK sowie die entsprechende Überprüfung von ggf. erforderlichen Visa und Aufenthaltstiteln.

2.4 Straftaten

Benennen Sie die drei Funktionen einer Urkunde.

Bestandsfunktion	Beweisfunktion	Garantiefunktion

Funktionen der Urkunde

Wie ist die Rechtslage bei Vervielfältigungsstücken, z. B. Kopien? Stellen diese auch Urkunden dar?

Bloße Kopien oder Abschriften sowie Telefax sind grundsätzlich keine Urkunden. Sie weisen lediglich auf die Existenz eines Originals hin. Sie selbst enthalten nicht die Erklärung des Ausstellers. Es mangelt an der Garantiefunktion.

Beglaubigte Abschriften und Fotokopien erfüllen die Anforderungen an eine Urkunde.

Benennen Sie die drei Tathandlungen bei der Urkundenfälschung gem. § 267 I StGB.

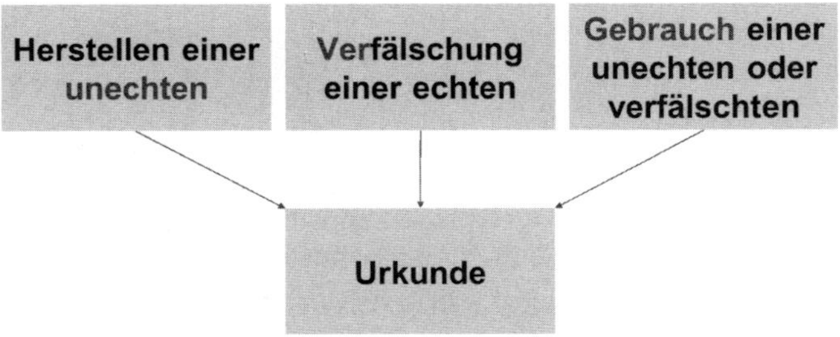

Tathandlungen der Urkundenfälschung

Was unterscheidet die Urkundenfälschung (§ 267 StGB) vom Missbrauch von Ausweispapieren (§ 281 StGB)?

Der Haupt-Unterschied liegt in der Beschaffenheit der Dokumente:

- Bei § 267 StGB handelt es sich um eine unechte oder verfälschte Urkunde.
- Bei § 281 StGB ist das Ausweispapier echt.

Ein weiterer Unterschied ist, dass es sich bei § 267 StGB um Urkunden handeln muss; bei § 281 StGB jedoch um Ausweispapiere.

Was ist der Unterschied zwischen der Urkundenfälschung (§ 267 StGB) und dem Verschaffen von falschen amtlichen Ausweisen (§ 276 StGB)?

Hauptunterschied ist, dass der Täter bei der Urkundenfälschung aktiv täuscht bzw. versucht, zu täuschen. Hingegen beim Verschaffen keine Täuschungshandlung erforderlich ist. Es genügt bereits, wenn der Täter den unechten oder verfälschten amtlichen Ausweis in das Bundesgebiet einführt, s. § 276 I Nr. 1 StGB.

Wie lassen sich § 274 StGB und § 267 voneinander abgrenzen?

§ 274 StGB dient dem Schutz von Urkunden. Dadurch werden echte Urkunden und technische Aufzeichnungen geschützt. Diese dürfen dem Täter nicht oder nicht ausschließlich gehören (= Recht, die Urkunde zum Beweis im Rechtsverkehr zu gebrauchen). Personalausweise, Führerscheine etc. sind hier als dem rechtmäßigen Inhaber gehörig zu werten. Tathandlungen sind das Vernichten, Beschädigen oder Unterdrücken, um den Betroffenen dadurch einen Schaden zuzufügen.

Wie lassen sich § 281 StGB und § 267 voneinander abgrenzen?

Durch diese Vorschriften werden amtliche Ausweise geschützt. Diese Ausweise müssen von einer öffentlichen Stelle ausgestellt werden, damit diese ihre Identität oder ihre persönlichen Verhältnisse nachweisen können (z. B. Reisepass, Dienstausweise, Waffenscheine etc.). Die Vorschriften unterscheiden zwei Handlungsalternativen. Entweder wird einer anderen Person der Ausweis eines anderen zugänglich gemacht oder einer anderen Person überlassen. Der § 281 StGB beinhaltet diese beiden Tatalternativen. Bei § 267 StGB werden (im Gegensatz zu § 281 StGB) totalgefälschte oder verfälschte Urkunden hergestellt, verfälscht bzw. gebraucht. Bei § 281 StGB handelt es sich um echte Ausweispapiere.

2.5 Waffenrechtliche Fragestellungen

Wie kann man das waffenrechtliche Prüfungsschema erläutern?

W	Ist das **Waffengesetz anwendbar**?
U	Welche **Umgangsart(-en)** werden ausgeübt?
V	Handelt es sich um einen **verbotenen** Gegenstand?
E	Gilt der Grundsatz der **Erlaubnispflicht**?
A	**Ausnahmen** von der Erlaubnispflicht?
	Alter (§ 2 I WaffG)
	Ausweispflicht (§ 38 WaffG)
KS	Bewertung der konkreten **(Kontroll-)Situation**

Merkwort: **W-U-V-E-A-KS**

Was meint der Begriff Waffen i. S. d. WaffG?
Waffen sind gemäß § 1 II WaffG
1. Schusswaffen oder ihnen gleichgestellte Gegenstände und
2. tragbare Gegenstände,
   a) die ihrem Wesen nach dazu bestimmt sind, die Angriffs- oder Abwehrfähigkeit von Menschen zu beseitigen oder herabzusetzen, insbesondere Hieb- und Stoßwaffen;
   b) die, ohne dazu bestimmt zu sein, insbesondere wegen ihrer Beschaffenheit, Handhabung oder Wirkungsweise geeignet sind, die Angriffs- oder Abwehrfähigkeit von Menschen zu beseitigen oder herabzusetzen, und die in diesem Gesetz genannt sind.

Was meint der Begriff Schusswaffen i. S. d. WaffG?
Schusswaffen sind Gegenstände, die zum Angriff oder zur Verteidigung, zur Signalgebung, zur Jagd, zur Distanzinjektion, zur Markierung, zum Sport oder zum Spiel bestimmt sind und bei denen Geschosse durch einen Lauf getrieben werden.[16]

16 Siehe auch Anlage 1 (zu § 1 IV WaffG) und dort unter Punkt 1.1.

Was meint der Begriff wesentliche Teile i. S. d. WaffG?

Zu den wesentlichen Teilen einer Schusswaffe gehören Lauf oder Gaslauf, der Verschluss sowie das Patronen- oder Kartuschenlager, wenn diese nicht bereits Bestandteil des Laufes sind. Auch das Griffstück oder sonstige Waffenteile, die zur Aufnahme des Auslösemechanismus bestimmt sind, gelten bei Kurzwaffen als wesentliche Teile (siehe dazu auch Anlage 1 zu § 1 IV WaffG – Begriffsbestimmungen).

Was meint der Begriff den Schusswaffen gleichgestellte Gegenstände i. S. d. WaffG?

Den Schusswaffen stehen tragbare Gegenstände gleich, die zum Abschießen von Munition für die vorgenannten Zwecke bestimmt sind oder bei denen bestimmungsgemäß feste Körper gezielt verschossen werden, deren Antriebsenergie durch Muskelkraft eingebracht und durch eine Sperrvorrichtung gespeichert werden kann (z. B. Armbrüste). Dies gilt nicht für feste Körper, die mit elastischen Geschossspitzen versehen sind (z. B. Saugnäpfe aus Gummi). Die Geschossspitze darf hierbei eine Bewegungsenergie von 0,16 J/cm^2 nicht überschreiten.

Wie lassen sich tragbare Gegenstände i. S. d. WaffG beschreiben?

Die Gegenstände sind tragbar, wenn diese von einer Person üblicherweise getragen und in der Hand gehalten werden können. Die sog. tragbaren Gegenstände werden in zwei Gruppen eingeteilt – abhängig von ihrem Bestimmungszweck. Es ist hilfreich, wenn Sie nun § 1 WaffG sowie die Anlage 1, Unterabschnitt 2 zum WaffG aufschlagen:

1. Gruppe	**2. Gruppe**
Tragbare Gegenstände nach **§ 1 II Nr. 2a WaffG**	Tragbare Gegenstände nach **§ 1 II Nr. 2b WaffG**
Definition: Gegenstände, die ihrem Wesen nach dazu bestimmt sind, die Angriffs- oder Abwehrfähigkeit von Menschen zu beseitigen oder herabzusetzen.	**Definition:** Gegenstände, die, **ohne** dazu bestimmt zu sein, insbesondere wegen ihrer Beschaffenheit, Handhabung oder Wirkungsweise geeignet sind, die Angriffs- oder Abwehrfähigkeit von Menschen zu beseitigen oder herabzusetzen, **und in diesem Gesetz genannt sind**.

<u>Merke:</u> Die Zweckbestimmung eines Gegenstandes richtet sind nach dem Herstellerzweck. Es spielt keine Rolle, zu welchem Zweck der Gegenstand mitgeführt wird.	
Waffen im <u>technischen</u> Sinn → Diese sind stets vom WaffG erfasst!	**Waffen im <u>nichttechnischen</u> Sinn** → Diese sind nur dann Waffen i. S. d. WaffG, <u>sofern</u> sie ausdrücklich im Gesetz genannt sind!
<u>Beispiele:</u> (Anlage 1, Unterabschnitt 2, Punkt 1 zum WaffG) • Hieb- und Stoßwaffen (Säbel, Kampfmesser, Dolch, Totschläger, Schlagring) • Weitere Gegenstände, wie z. B. Elektroimpulsgeräte, Reizstoffsprühgeräte, Flammenwerfer, Molotowcocktail und Präzisionsschleudern	<u>Beispiele:</u> (Anlage 1, Unterabschnitt 2, Punkt 2 zum WaffG) • Springmesser • Fallmesser • Faustmesser • Butterflymesser

Wie kann man den Begriff Munition definieren? Nennen Sie Beispiele!

Die relevanten Begriffsbestimmungen finden sich in der Anlage 1, Unterabschnitt 3 zum WaffG. Demnach ist Munition zum Verschießen aus Schusswaffen bestimmte

- **Patronenmunition** (Hülsen mit Ladungen, die ein Geschoss enthalten, und Geschosse mit Eigenantrieb),
- **Kartuschenmunition** (Hülsen mit Ladungen, die ein Geschoss nicht enthalten),
- **hülsenlose Munition** (Ladung mit oder ohne Geschoss, wobei die Treibladung eine den Innenabmessungen einer Schusswaffe oder eines Gegenstandes nach Unterabschnitt 1 Nr. 1.2 angepasste Form hat),
- **pyrotechnische Munition** (dies sind Gegenstände, die Geschosse mit explosionsgefährlichen Stoffen oder Stoffgemischen [pyrotechnische Sätze] enthalten, die Licht-, Schall-, Rauch-, Nebel-, Heiz-, Druck- oder Bewegungswirkungen erzeugen und keine zweckbestimmte Durchschlagskraft im Ziel entfalten).

Hierzu gehört pyrotechnische Patronenmunition (Patronenmunition, bei der das Geschoss einen pyrotechnischen Satz enthält), unpatronierte pyrotechnische Munition (Geschosse, die einen pyrotechnischen Satz enthalten) sowie mit der Antriebsvorrichtung fest verbundene pyrotechnische Munition.

Was meint der Begriff Erwerb i. S. d. WaffG?
Eine Waffe oder Munition erwerben bedeutet, die tatsächliche Gewalt darüber zu erlangen.

Was meint der Begriff Besitz i. S. d. WaffG?
Eine Waffe oder Munition besitzen bedeutet, die tatsächliche Gewalt darüber auszuüben.

Was meint der Begriff Überlassen i. S. d. WaffG?
Eine Waffe oder Munition überlassen bedeutet, die tatsächliche Gewalt darüber einem anderen einzuräumen.

Was meint der Begriff Führen i. S. d. WaffG?
Eine Waffe oder Munition führen bedeutet, die tatsächliche Gewalt darüber außerhalb der eigenen Wohnung, Geschäftsräume, des eigenen befriedeten Besitztums oder einer Schießstätte auszuüben.

Was meint der Begriff Verbringen i. S. d. WaffG?
Eine Waffe oder Munition verbringen bedeutet, wer diese (Waffe oder Munition) über die Grenze zum dortigen Verbleib oder mit dem Ziel des Besitzwechsels in den, durch den oder aus dem Geltungsbereich des Gesetzes zu einer anderen Person oder zu sich selbst transportieren lässt oder selbst transportiert.

Was meint der Begriff Mitnahme i. S. d. WaffG?
Eine Waffe oder Munition mitnehmen bedeutet, wer diese (Waffe oder Munition) vorübergehend auf einer Reise ohne Aufgabe des Besitzes zur Verwendung über die Grenze in den, durch den oder aus dem Geltungsbereich des Gesetzes bringt.

Wie kann man den Begriff Schießen i. S. d. WaffG beschreiben?
Damit schießen heißt, wer mit einer Schusswaffe Geschosse durch einen Lauf verschießt, Kartuschenmunition abschießt, mit Patro-

nen- oder Kartuschenmunition Reiz- oder andere Wirkstoffe verschießt oder pyrotechnische Munition verschießt.

Was bedeutet der Begriff Herstellen?
Herstellen bedeutet, Herstellen von Munition, auch das gewerbsmäßige Wiederladen von Hülsen.

Wie lässt sich der Begriff Bearbeiten und Instandsetzen definieren?
Bearbeiten und Instandsetzen bedeutet, wenn eine Schusswaffe verkürzt, in der Schussfolge verändert oder so geändert wird, dass andere Munition oder Geschosse anderer Kaliber aus ihr verschossen werden können, oder wenn wesentliche Teile, zu deren Einpassung eine Nacharbeit erforderlich ist, ausgetauscht werden. Eine Schusswaffe wird weder bearbeitet noch instandgesetzt, wenn lediglich geringfügige Änderungen, insbesondere am Schaft oder an der Zieleinrichtung, vorgenommen werden.

Wie kann man den Begriff Waffenhandel beschreiben?
Waffenhandel treibt, wer gewerbsmäßig oder selbstständig im Rahmen einer wirtschaftlichen Unternehmung Schusswaffen oder Munition ankauft, feilhält, Bestellungen entgegennimmt oder aufsucht, anderen überlässt oder den Erwerb, den Vertrieb oder das Überlassen vermittelt.

Was meint der Begriff verbotene Gegenstände i. S. d. WaffG?
Mit Blick auf die Anlage 2 zum WaffG lässt sich folgende Kategorisierung ableiten:

Waffen

Verbotene Waffen	Ganz oder teilweise **erlaubnispflichtige Waffen** und erleichterte Erlaubniserteilung	Ganz oder teilweise vom WaffG **ausgenommene** Waffen
Zu finden in: Anlage 2, Abschnitt 1 zum WaffG	Zu finden in: Anlage 2, Abschnitt 2 Unterabschnitte 1, 2 und 3	Zu finden in: Anlage 2, Abschnitt 3

<u>Beispiele:</u> • Schlagringe • Totschläger • Nun-Chakus • Butterflymesser	<u>Beispiel:</u> • Armbrüste (erlaubnisfreier Erwerb und Besitz)	<u>Beispiel:</u> • Unterwassersportgeräte, bei denen zum Antrieb der Geschosse keine Munition verwendet wird

2.6 Betäubungsmittelrechtliche Fragestellungen

Was sind Betäubungsmittel?
Gem. § 1 BtMG sind Betäubungsmittel alle in den Anlagen I–III aufgeführten Stoffe und Zubereitungen.

Stoffe sind hierbei alle chemischen Elemente und Verbindungen sowie deren natürlich vorkommende Gemische und Lösungen sowie Pflanzen, Algen, Pilze und Flechten und Tierkörper als auch Mikroorganismen und Viren.

In der Anlage I sind alle nicht verkehrsfähigen Betäubungsmittel aufgeführt. In der Anlage II sind alle verkehrsfähigen, aber nicht verschreibungsfähigen Betäubungsmittel gelistet und in der Anlage III alle verkehrsfähigen und verschreibungsfähigen Betäubungsmittel.

Kann die Bundespolizei die Ein- und Ausfuhr von Betäubungsmitteln überwachen?
§ 1 II BPolG i. V. m. § 2 BPolG i. V. m. § 21 II BtMG erlaubt der Bundespolizei die Überwachung der Ein- und Ausfuhr von Betäubungsmitteln.

Ordnen Sie das Delikt gem. § 29 I BtMG ein!

Geschütztes Rechtsgut:	Volksgesundheit
Deliktscharakter:	Vergehen
Deliktsart:	Offizialdelikt
Versuch:	strafbar gem. § 29 II BtMG in den Fällen § 29 I Nr. 1, 2, 5, 6. Buchstabe b BtMG
Rechtsfolge:	Freiheitsstrafe bis zu fünf Jahren oder Geldstrafe

Erläutern Sie den Begriff Einführen i. S. d. BtMG!
Einführen ist das Verbringen in den Geltungsbereich des Grundgesetzes.

Erläutern Sie den Begriff Durchführen i. S. d. BtMG!
Das Verbringen von Betäubungsmitteln aus dem Ausland in das Inland und das Befördern durch das Inland wieder in das Ausland, ohne dabei über eine behördliche Erlaubnis zu verfügen oder ohne, dass die Möglichkeit des Zugriffs durch Dritte auf die Betäubungsmittel besteht.

Erläutern Sie den Begriff Handeltreiben i. S. d. des BtMG!
Handeltreiben im Sinne der §§ 29 ff. BtMG ist jede eigennützige auf den Umsatz von Betäubungsmitteln gerichtete Tätigkeit.[17]

17 BGH, Beschluss vom 22.7.2010 – BGH 4 StR 286/10.

3. Verbandspolizeiliche Aufgabenwahrnehmung

Dieses Kapitel behandelt Fragen zur verbandspolizeilichen Aufgabenwahrnehmung der Bundespolizei. Einen Schwerpunkt bilden hier die Fragen zum Versammlungsrecht.

3.1 Allgemeine Fragen

Hat die Bundespolizei eine originäre Zuständigkeit zur Verfolgung von Staatsschutzdelikten?
Nein, denn hierbei fehlt ein Bezug zu den Aufgaben der Bundespolizei i. S. d. §§ 1–7 BPolG.

Was besagt die sog. „Sozialadäquanzklausel" i. S. d. § 86 III StGB?
Die Verwendung eines verbotenen Zeichens ist nicht strafbar, wenn das Propagandamittel bzw. eine Handlung i. S. d. §§ 86, 86a StGB zur staatsbürgerlichen Aufklärung, Kunst, Wissenschaft, Forschung, Lehre oder der Abwehr verfassungswidriger Bestrebungen dient oder im Rahmen der Berichterstattung über das Zeitgeschehen bzw. geschichtlicher Vorgänge eingesetzt wird.

Wie kann man den Tatbestand des § 113 StGB darstellen?
TBM: Amtsträger
Laut § 11 I Nr. 2a StGB ist Amtsträger, wer nach deutschem Recht Beamter, Richter oder eine Person ist, die in einem öffentlichrechtlichen Amtsverhältnis steht.
TBM: Zur Vollstreckung von Gesetzen berufen
Der Amtsträger ist berechtigt, Maßnahmen gegen Personen oder Sachen zu treffen, die notfalls mit Zwang durchgesetzt werden können.
TBM: Bei der Vornahme einer Diensthandlung
Die Vollstreckungshandlung besteht in einer polizeirechtlichen oder strafprozessualen Maßnahme, die unmittelbar bevorsteht, schon begonnen hat und noch nicht beendet ist.

TBM: Widerstand

Widerstand ist jedes aktive Verhalten gegenüber dem Vollstreckungsbeamten, das bezweckt, die Vollstreckungsmaßnahme zu verhindern oder zu erschweren.

TBM: Mit Gewalt oder durch Drohung mit Gewalt

Gewalt ist jede mittelbare oder unmittelbare Einwirkung auf den Beamten mit dem Ziel, Widerstand zu leisten.

oder

Drohung mit Gewalt ist die Ankündigung der Anwendung von Gewalt.

TBM: Tatbestandsannex Rechtmäßige Dienstausübung gem. § 113 III StGB

Hier sollte eine kurze Prüfung der Rechtmäßigkeit der Maßnahme des Vollstreckungsbeamten stattfinden. Zur rechtmäßigen Dienstausübung gehören folgende Punkte:

- sachliche Zuständigkeit
- örtliche Zuständigkeit
- zur Vornahme der Vollstreckungshandlung ermächtigt
- wesentliche Förmlichkeiten wurden beachtet
- Ermessen wurde pflichtgemäß ausgeübt

Erläutern Sie den Begriff der verbotenen Organisation!

Verbotene Partei (und ihre Ersatzorganisationen)

Am Sachverhalt festzustellen, dass es sich um die Sozialistische Reichspartei (SRP) oder die Kommunistische Partei Deutschland (KDP) handelt.

Verbotene Vereinigungen

Der Vereinigungsbegriff in diesem Sinne entspricht dem eines Vereins nach § 2 Vereinsgesetz. Das Verbot entsprechender Vereine obliegt nicht, wie im Fall von politischen Parteien, der Rechtsprechung, sondern der vollziehenden Gewalt.

Ausländische Organisationen

Eine ausländische Organisation ist ein Verein, dessen Mitglieder oder Leiter sämtlich oder überwiegend Ausländer sind (vgl. § 14 VereinsG).

Ehemalige NS-Organisation
Ehemalige NS-Organisationen sind vor allem die Nationalsozialistische Deutsche Arbeiterpartei (NSDAP), ihre Untergliederungen und die ihr angeschlossenen Verbände.

Nennen Sie ein Beispiel für § 125 StGB!
Am dritten Spieltag der Bundesliga spielt der Hamburger SV zu Hause. Der FC St. Pauli hat auswärts gespielt, ebenso wie Hansa Rostock. Auf der Rückreise treffen sich die gewaltbereiten Fans der drei Vereine absprachegemäß am Hamburger Hauptbahnhof. In der Wandelhalle treffen jeweils ca. 60 Angehörige der jeweiligen Vereine aufeinander und beginnen sofort aufeinander einzuschlagen. Auf Unbeteiligte nehmen die Gewalttäter dabei keine Rücksicht.

Ordnen Sie das Delikt § 125 StGB ein!

Geschütztes Rechtsgut:	Öffentliche Sicherheit
Deliktscharakter:	Vergehen
Deliktsart:	Offizialdelikt
Versuch:	nicht strafbar
Rechtsfolge:	Freiheitsstrafe bis zu drei Jahren oder Geldstrafe

3.2 Versammlungsrechtliche Fragestellungen

Worin besteht der Unterschied zwischen einer Versammlung, Ansammlung sowie einer Veranstaltung?

Eine Versammlung ist eine Zusammenkunft von mindestens zwei Personen, die sich zusammengefunden haben, um an einem gemeinsamen Ort zu einem gemeinsamen, gleichartigen Zweck öffentliche Angelegenheiten zu erörtern oder eine gemeinsame Kundgebung zu veranstalten.

Im Gegensatz hierzu ist eine Ansammlung eine spontane, zufällige Zusammenkunft mehrerer Personen.

Eine Veranstaltung ist ein planmäßiges, zeitlich eingegrenztes, aus dem Alltag herausgehobenes, für jedermann zugängliches Ereignis, welches oft mit Programmpunkten hinterlegt ist und einen kommerziellen Schwerpunkt hat.

Merkmale Versammlung, Ansammlung und Veranstaltung

Versammlung	Ansammlung	Veranstaltung
• mind. zwei Personen • gleicher Ort • gemeinsamer, gleichartiger Zweck • Erörterung öffentlicher Angelegenheiten oder • Veranstaltung gemeinsamer Kundgebung	• spontane • zufällige • Zusammenkunft mehrerer Personen	• planmäßig • zeitlich eingegrenzt • für jedermann zugängliches Ereignis • aus dem Alltag herausgehoben • Programmpunkte • Kommerzieller Schwerpunkt

Wem steht das Grundrecht auf Versammlungsfreiheit zu?

Gem. Art. 8 I GG steht die Versammlungsfreiheit allen Deutschen zu. Gem. Art. 116 I GG ist jeder Deutscher, der die deutsche Staatsangehörigkeit besitzt. § 1 VersammlG gibt „jedermann“, also allen Menschen, das Recht, sich frei und friedlich zu versammeln. In einigen Landesverfassungen steht die Versammlungsfreiheit allen Menschen zu. Art. 11 EMRK verleiht jeder Person das Recht, sich frei und friedlich mit anderen Personen zu versammeln. Die EMRK ist gem. Art. 59 II GG zwar nur ein „einfaches" Bundesgesetz, muss aber nach ständiger Rechtsprechung des Bundesverfassungsgerichts bei der Auslegung des Grundgesetzes herangezogen werden.

Was ist eine Versammlung?

Eine Versammlung ist eine örtliche Zusammenkunft mehrerer Personen (mindesten zwei Personen) zur gemeinschaftlichen, auf die Teilhabe an der öffentlichen Meinungsbildung gerichteten Kundgebung oder Erörterung.

Beispiele:

- Demonstrationen
- Wahlkampfveranstaltungen
- Flashmobs
- Konzerte mit entsprechender Zielrichtung zur politischen Meinungsbildung

Welche Veranstaltungen fallen nicht unter die Versammlungsfreiheit?

Nicht unter die Versammlungsfreiheit fallen beispielsweise kommerzielle Veranstaltungen oder internationale Politikertreffen.

Was sind keine Versammlungen?

Alle Ansammlungen und sonstige öffentliche Veranstaltungen stellen keine Versammlung dar. Ist eine Versammlung aufgelöst, so wird diese als Ansammlung betrachtet.

Können im Rahmen einer Versammlung polizeiliche Befugnisse angewendet werden?

Wenn es sich bei einer Veranstaltung um eine Versammlung handelt, dann sind polizeiliche Eingriffe nur eingeschränkt und nur auf Basis des Versammlungsgesetzes anwendbar. Allgemeines Polizeirecht ist subsidiär anwendbar.

Wann ist eine Versammlung als unfriedlich einzustufen?

Versammlungen sind immer dann unfriedlich, wenn innerhalb dieser zur Begehung von Straftaten aufgerufen wird oder Dritte mit

Worten oder Schrifttafeln (auch über die sozialen Medien) provoziert bzw. angegriffen werden. Ebenso ist eine Versammlung als unfriedlich einzustufen, wenn diese einen aufrührerischen oder gewalttätigen Verlauf nimmt. Dies gilt jedoch nicht, wenn nur von vereinzelten Personen ein solches Verhalten ausgeht. Unfriedlich wird die Versammlung erst dann, wenn die übrigen Versammlungsteilnehmer gemeinsame Sache mit den Störenfrieden machen.

Was bedeutet „ohne Waffen" i. S. d. Versammlungsrechtes?
Waffen i. S. d. Versammlungsgesetzes sind alle technischen Waffen.

Beispiele:
- Schusswaffen
- Kampfmesser
- Schlagringe

Zu den Waffen i. S. d. Versammlungsrechtes zählen auch gefährliche Gegenstände, die zur Verletzung von Personen oder Sachen geeignet sind.

Beispiele:
- Baseballschläger
- Eisenstangen
- Wasserpumpenzange

Das Nichtmitführen von Waffen bedeutet also „ohne Waffen" i. S. d. Versammlungsrechts.

Wie lässt sich der Unterschied zwischen Versammlungen unter freiem Himmel und in geschlossenen Räumen darstellen?
Versammlungen in geschlossenen Räumen und unter freiem Himmel werden durch die Umschließung des Versammlungsortes unterschieden und, ob dieser nur durch einen oder mehrere Eingänge zu betreten ist.

Müssen Versammlungen unter freiem Himmel angemeldet werden?
§ 14 VersammlG fordert eine Anmeldung einer Versammlung unter freiem Himmel 48 Stunden vor deren Beginn. Eine Ausnahme hiervon bilden Spontan- und Eilversammlungen.

Wie kann man den Begriff Eilversammlung erklären?
Eine Eilversammlung ist eine Versammlung, die zwar geplant ist, d. h. auch einen Veranstalter hat, aber ohne eine Gefährdung des Versammlungszweckes nicht unter Einhaltung der 48-Stunden-Frist angemeldet werden kann.

Was versteht man unter dem Begriff der Spontanversammlung?
Spontanversammlungen ergeben sich aus der aktuellen Situation, also anlässlich eines besonderen Ereignisses. Diese sind also ungeplant und haben daher auch keinen Veranstalter.

Was versteht man unter dem sog. Schutzwaffenverbot?
§ 17a I VersammlG untersagt es, bei oder auf dem Weg zu öffentlichen Versammlungen unter freiem Himmel, Aufzügen oder sonstigen Veranstaltungen Schutzwaffen und Gegenstände mitzuführen, die als Schutzwaffe geeignet und unter Umständen dazu bestimmt sind, Vollstreckungsmaßnahmen der Polizei abzuwehren.

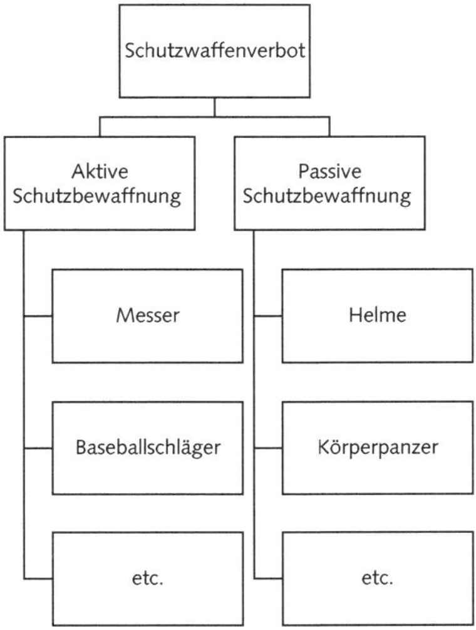

Schutzwaffenverbot

Was versteht man unter dem sog. Vermummungsverbot?
Durch § 17a II VersammlG wird das Tragen einer Aufmachung untersagt, die unter Umständen geeignet ist und den Umständen nach darauf gerichtet ist, die Feststellung der Identität in öffentlichen Versammlungen, Aufzügen oder sonstigen Veranstaltungen unter freiem Himmel zu verhindern.

4. Aufgaben zur Wahrung der Luftsicherheit

Schwerpunkt dieses Kapitels bilden Fragen zur Aufgabenwahrnehmung der Luftsicherheit.

Wie kann man die Aufgabenwahrnehmung nach § 4 BPolG der Bundespolizei beschreiben?

- Schutz vor Angriffen auf die Sicherheit des zivilen Luftverkehrs
- hier präventive Aufgabenwahrnehmung zur Verhinderung von Sabotageakten, Anschlägen etc.

Welche weitere Aufgabe im Bereich eines Flughafens wird durch die Bundespolizei noch wahrgenommen?

Sofern eine Schengen-Außengrenze am Flughafen besteht, wird durch die Bundespolizei die Aufgabe des Grenzschutzes gem. § 2 II Nr. 2 BPolG wahrgenommen.

Was versteht man unter dem Begriff Safety?

Der Begriff „Safety" bezieht sich auf die Abwehr von Gefahren, die vom Luftverkehr selbst ausgehen (sog. innere Gefahren ohne Anschlagscharakter).

Beispiele:

- Die Notlandung eines Luftfahrzeuges aufgrund von Triebwerksausfall.
- Im Flughafenrestaurant bricht zwischen Gästen eine gewaltsame Auseinandersetzung aus.
- Eine Person will sich durch einen Sprung von einer Empore das Leben nehmen.

Merke:

Safety ist primäre Aufgabe der jeweiligen Landespolizei!

Was versteht man unter dem Begriff Security?

Der Begriff „Security" bezieht sich auf die Abwehr von Gefahren, die von außen auf den Luftverkehr einwirken (sog. äußere Gefahren, die ihren Ursprung nicht im Luftverkehr selbst haben). Der § 1 LuftSiG (Zweck) nennt hier typische Beispiele.

Beispiele:

- Flugzeugentführungen
- Sabotageakte
- terroristische Anschläge

Merke:

Security ist primäre Aufgabe der Bundespolizei – auf bestimmten Flughäfen mit bestimmten Befugnissen!

Welche Behörde ist zuständig für die Luftsicherheit?

Grundsatz = Bund

Artikel 87d I S. 1 GG besagt, dass die Luftverkehrsverwaltung in Bundesverwaltung geführt wird.

Art. 87d

(1) Die Luftverkehrsverwaltung wird in Bundesverwaltung geführt. Aufgaben der Flugsicherung können auch durch ausländische Flugsicherungsorganisationen wahrgenommen werden, die nach Recht der Europäischen Gemeinschaft zugelassen sind. Das Nähere regelt ein Bundesgesetz.

(2) Durch Bundesgesetz, das der Zustimmung des Bundesrates bedarf, können Aufgaben der Luftverkehrsverwaltung den Ländern als Auftragsverwaltung übertragen werden.

Übertragung auf die Bundesländer möglich

Durch Art. 87d II GG können Aufgaben der Luftverkehrsverwaltung den Bundesländern als Auftragsverwaltung übertragen werden.

Rückholung der Aufgabe zum Bund

Durch § 16 III a LuftSiG wird es ermöglicht, dass Aufgaben der Luftsicherheitsbehörden nach diesem Gesetz dann in bundeseigener Verwaltung ausgeführt werden können, wenn dies zur Gewährleistung einer bundeseinheitlichen Durchführung der Sicherheitsmaßnahmen erforderlich ist.

§ 16 Zuständigkeiten

[...]

(3a) Die Aufgaben der Luftsicherheitsbehörde nach § 10a Absatz 2 sowie die Überwachung der Einhaltung der luftsicherheitsrechtlichen Verpflichtungen der Luftfahrtunternehmen nach § 9 Absatz 1a werden in bundeseigener Verwaltung wahrgenommen. Im Übrigen können die Aufgaben der Luftsicherheitsbehörden nach diesem Gesetz in bundeseigener Verwaltung ausgeführt werden, wenn dies zur Gewährleistung der bundeseinheitlichen Durchführung der Sicherheitsmaßnahmen erforderlich ist. In den Fällen der Sätze 1 und 2 werden die Aufgaben von der vom Bundesministerium des Innern bestimmten Bundesbehörde wahrgenommen. Das Bundesministerium des Innern macht im Bundesanzeiger bekannt:

1. in den Fällen des Satzes 1 die zuständigen Bundesbehörden und
2. in den Fällen des Satzes 2 die Übernahme von Aufgaben sowie die zuständigen Bundesbehörden.

Die Luftsicherheitsaufgaben nimmt die BPOL auf 14 deutschen Flughäfen wahr:[18]

• Berlin-Schönefeld	• Dresden	• Frankfurt am Main	• Köln/Bonn
• Berlin-Tegel	• Düsseldorf	• Hamburg	• Leipzig/Halle
• Bremen	• Erfurt	• Hannover	• Saarbrücken
• Stuttgart	• München (ohne Fluggast- und Gepäckkontrollen)		

Auf 21 weiteren, meist kleineren Flughäfen erfüllen die Länder im Auftrag des Bundes die Luftsicherheitsaufgaben.

18 https://www.bundespolizei.de/Web/DE/03Unsere-Aufgaben/03Luftsicherheit/luftsicherheit_node.html (zuletzt abgerufen am 18. Juni 2019).

Überblick über die (verfassungsrechtlichen) Zuständigkeiten

Überblick über die verfassungsrechtlichen Zuständigkeiten

Rechtsgrundlage	***Kernaussage***
Art. 87d I S. 1 GG	Die Luftverkehrsverwaltung wird in Bundesverwaltung geführt.
Art. 87d II GG	Die Möglichkeit der Übertragung auf die Bundesländer im Wege der Auftragsverwaltung.
§ 16 III a LuftSiG	Die **Rückholung der Aufgabe** zum Bund, um eine bundeseinheitliche Durchführung der Sicherheitsmaßnahmen zu gewährleisten.

Besitzt die BPOL für den Bereich der Luftsicherheit eine Strafverfolgungskompetenz?

In § 12 BPolG wird zwischen der originären Strafverfolgungszuständigkeit (geregelt in § 12 I BPolG) und der allgemeinen Erforschungspflicht für Fälle des ersten Zugriffs (geregelt in § 12 III BPolG) unterschieden.

Zusätzlich dazu können Bundespolizisten bei Straftaten auf frischer Tat, die außerhalb des Bereiches der räumlichen Beschränkung der sachlichen Zuständigkeit begangen wurden, nach § 65 I BPolG alle unaufschiebbaren Maßnahmen treffen.

§ 12 I BPolG	Originäre Strafverfolgungszuständigkeit[19]	Straftat ist in § 12 I BPolG und im räumlichen Bereich der Sachaufgabe (§§ 1–7 BPolG) begangen worden.
§ 12 III BPolG	Eilzuständigkeit	Straftat ist in § 12 I BPolG nicht genannt, aber im räumlichen Bereich der Sachaufgabe (§§ 1–7 BPolG) begangen worden.

19 Hierbei erfolgt keine Beteiligung bzw. Abgabe des Falles an die Staatsanwaltschaft, sondern die BPol ermittelt den Fall und übergibt das Ermittlungsergebnis an die zuständige Staatsanwaltschaft.

§ 65 I BPolG i. V. m. Landesrecht	Reservezuständigkeit	Straftat wird außerhalb des räumlichen Bereiches der Sachaufgabe (§§ 1–7 BPolG) begangen.

Für den Bereich der Luftsicherheit gilt, dass wenn dort Straftaten in der räumlichen Begrenzung der Sachaufgabe (hier: § 16 I LuftSiG) begangen werden, diese unter die Eilzuständigkeit gem. § 12 III BPolG fallen. Nach dem ersten Zugriff wird die Sachbearbeitung unverzüglich an die zuständige Strafverfolgungsbehörde abgegeben.

Was bedeutet ICAO und was IATA?

ICAO = International Civil Aviation Organization

Dies ist eine Sonderorganisation der Vereinten Nationen mit Sitz in Montreal. Ziel ist ein nachhaltiges Wachstum des globalen Zivilluftverkehrssystems. Zurzeit hat die Organisation 193 Mitglieder (Stand: Dezember 2020).

IATA = International Air Transport Association

Dies ist der Dachverband der Fluggesellschaften. Zurzeit 300 Gesellschaften (Stand: April 2020).

5. Aufgaben im Objektschutz

Dieser Abschnitt behandelt Fragestellungen, die im Zusammenhang mit der Aufgabenwahrnehmung im Rahmen des Objektschutzes anfallen.

5.1 Allgemeine Fragen

Welche Schutzobjekte umfasst § 5 BPolG?
Schutzobjekte sind die Verfassungsorgane des Bundes (Bundestag, Bundesrat, Bundespräsident, Bundesregierung, Bundesverfassungsgericht). Auch die Zentrale der Deutschen Bundesbank wird vom Wortsinn der Bestimmung umfasst (mittelbares Verfassungsorgan).

Als Schutzobjekte gelten auch die Bundesministerien, z. B. das Auswärtige Amt mit Sitz in Berlin.

Wie kann man die Eilzuständigkeiten der Bundespolizei gem. § 65 I BPolG und § 12 III BPolG voneinander abgrenzen?
§ 65 I BPolG kann sowohl eine präventive als auch eine repressive Eilzuständigkeit begründen. Präventiv und repressiv kann die Bundespolizei gem. § 65 I BPolG im Zuständigkeitsbereich eines Landes tätig werden, wenn das jeweilige Landesrecht dies vorsieht. Präventiv dürfte diese Regelung immer beim Vorliegen einer gegenwärtigen Gefahr zutreffen. Repressiv ist dies der Fall, wenn Gefahr im Verzug vorliegt.

§ 12 III BPolG begründet eine Eilzuständigkeit der Bundespolizei bei „Fremdstraftaten“ im eigenen Zuständigkeitsbereich. „Fremdstraftaten“ sind solche, die nicht von § 12 BPolG erfasst sind (z. B. Mord gem. § 211 StGB).

5.2 Straftaten

Welche zwei Tathandlungen des Hausfriedensbruchs (§ 123 StGB) gibt es? Benennen und definieren Sie!

Zum einen wäre das **Eindringen** des Täters möglich. Eindringen ist das Betreten des geschützten Raumes gegen den Willen des Berechtigten ganz oder mit einem Teil des Körpers.

Die zweite Tathandlung ist das **Verweilen**. Beim Verweilen trotz Aufforderung des Berechtigten, sich zu entfernen, muss der Täter die Räumlichkeit zuerst befugt (mit dem Willen des Berechtigten) betreten haben und diese dann trotz Aufforderung nicht verlassen haben.

SCAN ME

Lernvideo zum **Hausfriedensbruch**

Für den Inhalt der durch QR-Codes verlinkten Seiten/Videos ist ausschließlich der Autor verantwortlich.

Wer ist der Berechtigte i. S. d. § 123 StGB?

Der Berechtigte ist der Hausrechtsinhaber. Der Hausrechtsinhaber kann jedoch die Befugnis an eine beauftragte Person bzw. beauftragte Stelle delegieren. Am bahnpolizeilichen Aufgabenbereich der BPOL übt die DB AG das Hausrecht aus. Die DB AG beauftragt die DB Sicherheit mit der Ausübung des Hausrechts.

Sofern § 123 StGB geprüft wird, muss beim Prüfungspunkt – Rechtswidrigkeit – was beachtet werden?

Beachtet werden muss bei § 123 StGB, dass die Tat nur dann widerrechtlich oder unbefugt ist, wenn der Täter kein stärkeres Recht als das Hausrecht hat.

Stärkere Rechte als das Hausrecht sind z. B.

- Eingriffsmaßnahmen der Polizei (relevant bei Wohnungsdurchsuchungen, Räumungs- und Absperrmaßnahmen) und
- die allgemeine Beförderungspflicht gem. § 10 Allgemeines Eisenbahngesetz (AEG).

§ 10 AEG (Beförderungspflicht)

Öffentliche Eisenbahnverkehrsunternehmen, die dem Personenverkehr dienen, sind zur Beförderung von Personen und Reisegepäck verpflichtet, wenn

1. die Beförderungsbedingungen eingehalten werden,
2. die Beförderung mit den regelmäßig verwendeten Beförderungsmitteln möglich ist und
3. die Beförderung nicht durch Umstände verhindert wird, welche das Eisenbahnverkehrsunternehmen nicht abwenden und denen es auch nicht abhelfen konnte.

Welche drei Tatbestandsvoraussetzungen müssen beim § 126 StGB (Störung des öffentlichen Friedens) vorliegen?

1. Androhen (Abs. 1)/Vortäuschen (Abs. 2)
2. einer Katalogstraftat (z. B. Mord – § 211 StGB)
3. mit friedensstörender Eignung

Wann liegt eine friedensstörende Eignung vor?
Maßstab ist stets die konkrete Beunruhigung der Bevölkerung

Konkrete Eignung

- nach Art und Inhalt der Äußerung,
- nach den Umständen der Äußerungsabgabe,
- nach den voraussichtlichen Folgewirkungen und dem Kreis der Erklärungsempfänger

Wie unterscheidet man die Delikte Nötigung (§ 240 StGB), Bedrohung (§ 241 StGB) und Störung des öffentlichen Friedens (§ 126 StGB)?

Nötigung § 240 StGB	**Bedrohung § 241 StGB**	**Störung des öffentlichen Friedens § 126 StGB**
Täter will einen anderen mit der Androhung von Gewalt oder eines empfindlichen Übels zu einem **bestimmten Verhalten** veranlassen.	Täter strebt mit der Ankündigung eines Verbrechens nur die bloße **Einschüchterung** eines anderen an. Geht er darüber hinaus, liegt eine **Nötigung** vor.	Täter bedroht mit der Ankündigung einer der Katalogtaten, z. B. Tötungs- oder Raubdelikte, das **allgemeine** Gefühl der **Rechtssicherheit** und des Vertrauens in die Fortdauer des Friedenszustandes
Die angedrohte Tat richtet sich gegen		
eine **einzelne** Person	eine **einzelne** Person	die Allgemeinheit

Unterscheidung §§ 240, 241, 126 StGB

Wie kann man die Tatbestandsmerkmale des § 303 StGB darstellen?

TBM: Sache

Eine Sache i. S. d. § 90 BGB ist jeder körperliche Gegenstand, unabhängig von seinem Aggregatzustand.

TBM: Fremd

Fremd ist eine Sache, wenn sie nicht im Alleineigentum des Täters steht und nicht herrenlos ist.

TBM: Veränderung des Erscheinungsbildes

Erscheinungsbild

Das Erscheinungsbild umfasst das äußere Aussehen einer Sache und schützt somit den Gestaltungswillen des Inhabers.

Verändern

Verändert ist das Erscheinungsbild der Sache, wenn diese anders aussieht als vorher.

TBM: nicht nur unerheblich
Nicht nur unerheblich verändert sind Sachen, wenn unmittelbar auf deren Substanz eingewirkt wurde.

TBM: nicht nur vorübergehend
Nicht nur vorübergehend sind Veränderungen, wenn diese nicht ohne nennenswerten Zeitaufwand oder Mühe oder Kosten wieder behebbar sind. Eine gewisse Dauerhaftigkeit der Veränderung muss vorliegen.

TBM: unbefugt
Unbefugt ist eine Veränderung, wenn keine Erlaubnis oder Beauftragung durch einen Berechtigten oder einer berechtigten Stelle vorliegt.

SCAN ME

Lernvideo zur TBM-Struktur
des **§ 303 I StGB**

Für den Inhalt der durch QR-Codes verlinkten Seiten/Videos ist ausschließlich der Autor verantwortlich.